これからの介護・福祉事業を担う経営"人財"

介護福祉経営士テキスト

実践編 I

介護福祉コミュニケーション

ES、CS向上のための会話・対応術

浅野　睦

JMP 日本医療企画

● 総監修のことば

なぜ今、「介護福祉」事業に経営人材が必要なのか

　介護保険制度は創設から10年あまりが経過し、「介護の社会化」は広く認知され、超高齢社会の我が国にとって欠かせない社会保障として定着している。この介護保険制度では「民間活力の導入」が大きな特徴の1つであり、株式会社、社会福祉法人、NPO法人など多岐にわたる経営主体は、制度改正・報酬改定などの影響を受けつつも、さまざまな工夫を凝らし、安定した質の高いサービスの提供のため、経営・運営を続けている。

　しかしながら、介護福祉業界全般を産業として鑑みると、十分に成熟しているとは言えないのが現実である。経営主体あるいは経営者においては経営手法・マネジメントなどを体系的・包括的に修得する機会がなく、そのため、特に介護業界の大半を占める中小事業者では、不安定な経営が多くみられる。

　安定的な介護福祉事業経営こそが、高齢者等に安心・安全なサービスを継続して提供できる根本である。その根本を確固たるものにするためにも体系的な教育システムによって経営を担う人材を育成・養成することが急務であると考え、そのための教材として誕生したのが、この『介護福祉経営士テキストシリーズ』である。

　本シリーズは「基礎編」と「実践編」の2分野、全21巻で構成されている。基礎編では介護福祉事業の経営を担うに当たり、必須と考えられる知識を身につけることを目的としている。制度や政策、関連法規等はもちろん、倫理学や産業論の視点も踏まえ、介護福祉とは何かを理解することができる内容となっている。そして基礎編で学んだ内容を踏まえ、実際の現場で求められる経営・マネジメントに関する知識を体系的に学ぶことができるのが実践編という位置付けになっている。

　本シリーズの大きな特徴として、各テキストの編者・著者は、いずれも第一線で活躍している精鋭の方々であり、医療・介護の現場の方から教育現場の方、経営の実務に当たっている方など、そのフィールドが多岐にわたっていること

が挙げられる。介護福祉事業の経営という幅広い概念を捉えるためには、多様な視点をもつことが必要となる。さまざまな立場にある執筆陣によって書かれた本シリーズを学ぶことで、より広い視野と深い知見を得ることができるはずである。

　介護福祉は、少子超高齢化が進む日本において最重要分野であるとともに、「産業」という面から見ればこれからの日本経済を支える成長分野である。それだけに日々新しい知見が生まれ、蓄積されていくことになるだろう。本シリーズにおいても、改訂やラインアップを増やすなど、進化を続けていかなければならないと考えている。読者の皆様からのご教示を頂戴できれば幸いである。

　本シリーズが経営者はもとより、施設長・グループ長など介護福祉経営の第二世代、さらには福祉系大学の学生等の第三世代の方々など、現場で活躍される多くの皆様に学んでいただけることを願っている。そしてここで得た知見を机上の空論とすることなく、介護福祉の現場で実践していただきたい。そのことが安心して老後を迎えることのできる社会構築に不可欠な、介護福祉サービスの発展とその質の向上につながると信じている。

総監修

江草安彦
社会福祉法人旭川荘名誉理事長、川崎医療福祉大学名誉学長

大橋謙策
公益財団法人テクノエイド協会理事長、元日本社会事業大学学長

北島政樹
国際医療福祉大学学長

(50音順)

● はじめに

信頼される介護事業者であり続けるために
円滑なコミュニケーションで人間関係を築く

　多くの人は、異口同音に「コミュニケーションが大切」と言います。しかし、「コミュニケーションをうまくとるにはどのような点が大切ですか？」と聞くと、実にさまざまな答えが返ってきます。コミュニケーションのことを体系的に整理して理解し、それを実践している人は、さほど多くないのが現状だと思います。コミュニケーションは、自己流でも何とかなってしまうからなのでしょう。

　気持ちを熱く語れば説明上手になったように思えますし、「なるほど、なるほど」と相づちを打っていれば、聞き上手な人になった気がします。しかし、「聞く力」というだけでも、さまざまなことを「聞く力」があります。「上司の指示を聞く」「相手の本音を聞きとる」「利用者の声なき声を聞く」「状況などを聞き出す」「研修内容について質問する」「傾聴する」「事故の原因を聞き出す」など、多様な力が存在するのです。

　自己流が悪いとは言いませんが、自分なりの個性で磨いた技に、心理学的なアプローチを加えれば、コミュニケーション力は飛躍的に向上するでしょう。どのように働きかけると人は相互に理解し合えるか、といったことを踏まえ、効果的なコミュニケーションを図ることができれば、人と人の関係がよくなり、チームワークも向上するのではないでしょうか。

　さらに、上司と部下がうまくコミュニケーションをとることによってお互いを尊重し合えれば、部下たちにやる気が芽生え、働きがいの向上にもつながります。著者の会社（経営コンサルティング会社）が介護事業所の従業員意識調査をした結果によると、従業員の働きがいや満足度と利用者の満足度には、一定の相関関係があることがわかっています。従業員が生き生きと働く組織では、利用者へのサービスもよくなるはずです。従業員の前向きな働きかけによって満足した利用者の反応は、従業員の満足も生み出します。また、コミュニケーションによって職員同士の人間関係がよくなり、職員が満足する組織風土をつくることができれば、おのずから利用者満足度は上がると考えられます。

　そうした意味で、本テキストでは、特にマネジメントに必要なコミュニケー

ションの基本的な体系を中心に整理し、組織運営に欠かせないコミュニケーションの要素を示したいと思います。

　同じような内容でも、魅力的に話せる人と、つまらない内容にしてしまう人がいます。人と人とが円滑にコミュニケーションをとって人間関係を豊かにし、信頼ある介護事業者であり続けられるよう、コミュニケーションに必要なロジックを学び、実践に活かしていただきたいと思います。

浅野　睦

CONTENTS

総監修のことば……………………………………………………… II
はじめに……………………………………………………………… IV

第1章　介護福祉におけるコミュニケーションとは……………… 1

1. 組織におけるコミュニケーションの観点………………………… 2
2. 人材育成の観点……………………………………………………… 4
3. 対利用者の観点……………………………………………………… 5

第2章　コミュニケーションに必要な基礎スキル……………… 11

1. ストローク………………………………………………………… 12
2. 傾聴………………………………………………………………… 15
3. 質問技法…………………………………………………………… 17
4. 業務伝達…………………………………………………………… 25
5. ブレーンストーミング…………………………………………… 33
6. ファシリテーション……………………………………………… 36
7. インストラクション……………………………………………… 41
8. 説明力……………………………………………………………… 53

第3章　シーン別コミュニケーション…………………………… 63

1. 苦情・クレーム対応……………………………………………… 64
2. 利用者への説明と同意…………………………………………… 72
3. 動機づけ…………………………………………………………… 75
4. 面談技術(目標設定など)………………………………………… 78
5. うまいダメ出し…………………………………………………… 82
6. 会議の進め方……………………………………………………… 85
7. 記録・文書によるコミュニケーション………………………… 89

おわりに……………………………………………………………… 98

第1章
介護福祉におけるコミュニケーションとは

1. 組織におけるコミュニケーションの観点
2. 人材育成の観点
3. 対利用者の観点

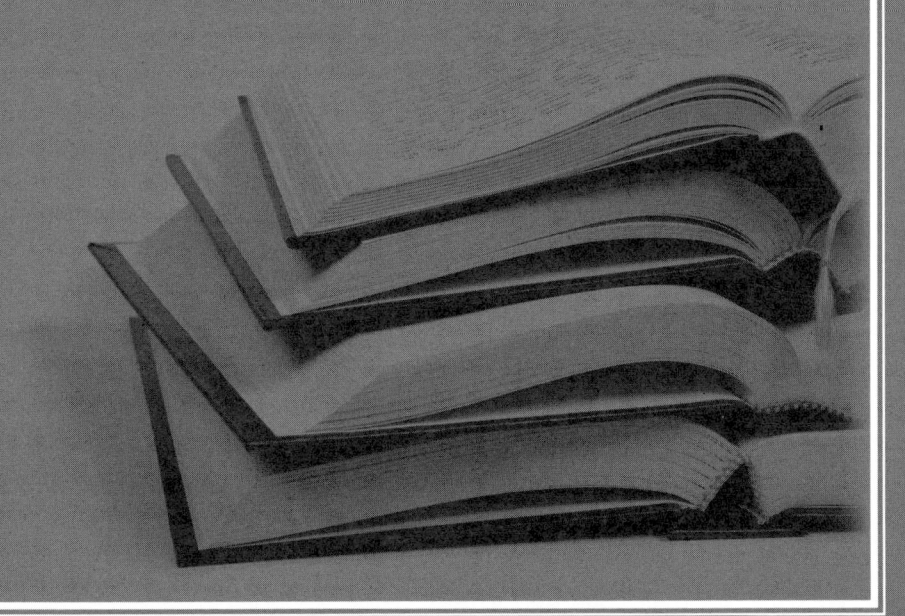

1 組織における コミュニケーションの観点

1 組織が円滑に機能しているか

　介護福祉経営におけるマネジメントを自動車の構造に例えると、コミュニケーションは、電気系統と言うことができます。車は電気系統が止まるとエンジンがかからなくなるばかりでなく、車種によってはドアも開きません。燃料が満タンでも、エンジンに問題がなくても、電気系統が壊れるだけで車としてまったく機能しなくなります。

　組織マネジメントも同様です。コミュニケーションが機能しなくなると組織はまったく機能しません。設備や環境がどんなに整備されていても、コミュニケーションが円滑でない組織は、居心地が悪くなってしまいます。

　ところが、コミュニケーションがうまくとれていない組織が、「自分たちはコミュニケーションがうまくいっていない」と明確に認識しているとは限りません。何とかうまくコミュニケーションをしているつもりで、バタバタしている組織は実に多いものです。なぜか職員の離職率が上がり、事故は多くなり、管理者は忙しく、利用者も落ち着かない状況になっているのに、本人たちはコミュニケーション上の問題に気づかず、制度や事業環境のせいにしていることがあります。

2 コミュニケーションのための取り組み

　コミュニケーション上の問題は目に見えにくいため、解決すべき課題が認識されにくい傾向があります。指示事項が部下にうまく伝わらないと、上司は部下のせいにしますし、部下は上司の伝え方が悪いと思います。会議での話し合いでは、さまざまな人の意見が散漫に出されて結論が見えず、最後には妙な妥協案で決まったり、トップの一言で強引に進めてしまったりすることもあります。

　これらは、コミュニケーションの体系を理解しないまま、経験的に得た技術で乗り切ろうとするために生じていることと言えます。

　コミュニケーションをうまく図るようにするための評価基準を導入したり、仕組みによってコミュニケーションを図りやすくすることは可能です。マネジメントを円滑にするために、仕組みを使ってコミュニケーションを見えるようにする組織的な取り組みなども行っていきたいものです。

2 人材育成の観点

　介護現場での指導は、コミュニケーションによって行われます。コミュニケーションのうまい上司の話は興味深く感じられ、部下に吸収する意欲がわきますが、コミュニケーションがうまくない人の話は、受け手の能力が高くないとなかなか吸収しきれないことがあります。
　また、人は自分のことをよく理解してくれる人の言うことはよく聞き入れますが、自分のことを理解してくれない人の言うことは、表面上だけ聞いて終わりにしてしまいがちです。
　このように、人材育成やモチベーションなどにもコミュニケーションは大きく影響します。相手の心理を読めず、上司の視点だけで言いたいことを一方的に言うだけでは、人はついてきません。ちょっとしたことを指摘する場合でも、「ダメだね」と言われるのと、「あと一歩」と言われるのでは受け取る側の印象は大きく違います。
　人にやる気を持たせ、持っている能力を最大限に活かすように働きかければ、現場の職員は自ら進んで責任感を持って仕事をするようになります。
　人のやる気スイッチを押すコミュニケーションができると、組織マネジメントは劇的に変化します。部下を変えようと思ったら、上司がコミュニケーションのとり方を変えることです。コミュニケーション上手な上司になり、組織風土づくりに役立てていきましょう。

3 対利用者の観点

1 利用者の本音を考える

　介護現場におけるコミュニケーションの特性として、利用者との意思疎通が難しいということがあります。利用者が高齢であるために聴力に支障をきたしていたり、認知症であったりすると、言語によるコミュニケーションが図りにくい場合があります。

　また、相手への配慮や心遣いから、利用者が自分の意思を抑え、奥ゆかしく表現するケースも多く見られます。本音を話すことを控えようとするため、発せられた言葉をそのまま受け止めると、実は利用者の気持ちとは逆に理解していた、などということがあります。

　利用者満足度調査などの場面で調査員が「何か、気分がすぐれないことなどございませんか？」と聞いても「いいえ、ここにいられるだけで私は満足ですから、何もありませんよ」と言われることは多いものです。その後、さまざまな生活場面のことや家庭での様子について具体的に聞いていくうちに、「まぁ、私ががまんしなきゃならないと思っているから……」など、本当の声が聞こえてくることがあります。

　このように、利用者がいつも本音を語ってくれるとは限りません。本音を心の中にしまいこんで、思っていることとは逆のことを言ったり、自分の気持ちよりも相手の気持ちをおもんばかって遠慮したりすることは多いものです。この遠慮や奥ゆかしさを理解せずに、利用者が発した言葉をありのままに受け止めてしまうと、利用者は「この人はわかっていないな」と感じることもあります。声のトーンや表情、視線や態度、しぐさなどからも、利用者の心の内側を感じとる必要が

あります。

　コミュニケーションは、言葉だけでなく全身で表現し合うものです。ちょっとした変化に気づくために、普段から上機嫌な時や不機嫌な時に表れるしぐさや表情を知っておくことも大切です。また、利用者にこちらの言いたいことを伝える際は、写真やイラストなどの視覚はもちろん、スキンシップ、音楽、匂いといったさまざまな感覚に訴える方法を考えるとコミュニケーションの幅は広がります。

　認知症の利用者への対応においても、相手の感情や訴えに受容・共感しなければコミュニケーションは成り立ちません。こちらの伝えたいことや聞きたいことを中心にコミュニケーションを進めても、かえって逆効果になることが多いでしょう。むしろ、相手が認識している世界を尊重した上でのコミュニケーションを行い、アイコンタクトや柔和（にゅうわ）な笑顔など、非言語のコミュニケーションを駆使する必要があります。利用者の本音をつかみ、豊かな信頼関係を構築する上でも、基本的なコミュニケーションの体系を理解し、使えるようになることが大切です。

2　情報の非対称性に配慮する

　さらに、介護サービスは、基本的に介護保険制度という法律にのっとって行われるものですから、利用者に制度上のことを説明する際、相手が介護保険のことを正確に理解してくれるかどうかも大きな課題です。

　施設での生活の場合には、できる限り1人ひとりを尊重しつつも、共同生活であることを理解していただく必要があります。

　また、医療的なケアを必要とする利用者の場合、本人の要望をそのまま叶えようとすると、医療的見地から見て必ずしもよくない結果を生み出すことがあります。例えば糖尿病の利用者が甘いものを欲しいと言っても、その意思をありのままに受け止められないケースなどで

す。この場合、医療的な知識を利用者に理解していただき、利用者の要望との妥協点を探すことが必要です。

　利用者の視点で介護サービスを見ると、利用者側に介護サービスの知識や情報が十分にないと、どの事業者が自分の生活に適しているのかを判断することが難しい場合があります。施設を選択する場合、設備面や立地など利用者が認識しやすい条件は判断材料になるかもしれませんが、サービスの質や対応の柔軟性などのソフト面は、サービスを受けてみなければわからない要素が多いのです。

　このように、サービスを提供する側とサービスを受ける側の間に、専門的な知識や情報の差が見られるのは、介護や医療サービスの特徴です。こうした情報の格差のことを「情報の非対称性」と言い、利用者とのコミュニケーションを考える上では、十分に配慮しなければならない特性です。

　情報の非対称性を簡単に解消することは難しいですが、事業者は、この特性を踏まえて利用者とコミュニケーションを行い、できるだけ理解してもらえるように、利用者の視点で情報を知らせる方法を考える必要があります。

　こちらが「当たり前」と考えることでも、相手は「まったく理解できない」と思う場合があるということを前提に、言語によるコミュニケーションだけでなく、多様な手段で意思の疎通を図りたいものです。

確認問題

問題1 介護福祉におけるコミュニケーションについて、次の選択肢のうち正しいものを1つ選びなさい。

[選択肢]

①コミュニケーションが機能していない組織であっても、設備や環境を整備することによって、組織マネジメントを機能させることができる。

②コミュニケーション上の問題は目に見えにくいため、組織マネジメントでは、仕組みを使ってコミュニケーションを円滑にすることなど不可能である。

③自ら進んで責任感を持って仕事をするように部下を変えたいと思ったら、部下自身の努力と本人が変わること以外に方法はない。

④誤解を避けるため、利用者とのコミュニケーションでは、どのような場面でも非言語によるコミュニケーションをとるべきではない。

⑤サービスを提供する側とサービスを受ける側との間には、情報の格差があることを事業者は十分に認識した上で、できるだけ利用者の視点でコミュニケーションをとった方がよい。

確認問題

解答 1　⑤

解説 1

①×：コミュニケーションが機能していない組織で組織マネジメントを機能させるためには、コミュニケーションを円滑にすることが大切です。

②×：組織マネジメントを行う上でコミュニケーションを円滑にするには、仕組みを使うことが大切です。

③×：部下の人材育成やモチベーション向上のためには、上司がコミュニケーションのとり方を変えることが大切です。

④×：利用者とのコミュニケーションでは、写真やイラスト、スキンシップ、音楽、匂いといった非言語コミュニケーションを大切にし、さまざまな感覚に訴える方法によりコミュニケーションの幅を広げることが大切です。

⑤○：こうした情報の格差を「情報の非対称性」と言い、利用者とのコミュニケーションで重視すべきポイントの1つです。

第2章
コミュニケーションに必要な基礎スキル

1. ストローク
2. 傾聴
3. 質問技法
4. 業務伝達
5. ブレーンストーミング
6. ファシリテーション
7. インストラクション
8. 説明力

1 ストローク

1 ストロークの原理

　日常の中で、こちらが挨拶をしているのに相手が返してくれない時、「あれ、どうしたのかな？」と不安に思うことがあります。これがストロークの原理です。

　ストロークとは、コミュニケーション上の「働きかけ」や「反応」のことです。こちらが相手にコミュニケーション上の「働きかけ」をすると、相手からも何らかの「働きかけ」があるだろうと期待し、その期待した「働きかけ」と違った返答があると、人は疑問を感じたり不安に思ったりするのです。逆に、こちらが相手に行った働きかけに対して、相手からも期待した働きかけが返ってくると、心が通じ合う感覚になり、コミュニケーション上の関係性ができてくるというわけです。

2 プラスとマイナスのストローク

　ストロークには、プラスのストロークとマイナスのストロークがあります。プラスのストロークは肯定的な働きかけで、マイナスのストロークは否定的な働きかけです。

　また、それぞれのストロークについて、言語的なストロークと非言語的なストロークがあります。さらに、条件付きストロークと無条件ストロークがあります（**図表2-1**）。

　プラスのストロークを投げかければ、相手に好印象を与えます。特

図表2-1 ●プラスとマイナスのストロークの例

	プラスのストローク	マイナスのストローク
言語	ありがとう、上手だね、素敵、素晴らしい、よくやったね	ダメだ、嫌いだ、いやだ、汚い、近寄らないで、臭い、馬鹿
非言語	笑顔、アイコンタクト、うなずき、握手、拍手、ハイタッチ、スキンシップ	無視、無反応、無表情、離れる、目をそらす、目を合わせない
条件付き	丁寧に掃除をしてくれてよかった	言葉遣いがダメね
無条件	あなたがいてくれてよかった	あなたってまったくダメね

に初対面の人とのコミュニケーションでは、相手との心理的な距離を縮めたほうがうまく関係をつくりやすいので、基本的にプラスのストロークを使ってコミュニケーションをとります。特に非言語のプラスのストロークを意識的に使うようにします。また、毎日顔を合わせる人同士でも、いつもにこやかに挨拶し合い、ちょっとしたことにも「ありがとう」「さすがだね」などの言葉がけができると、コミュニケーションは豊かになり関係性はよくなります。

　一方で、マイナスのストロークは相手にネガティブな印象を与えます。特に、無意識のうちに非言語のマイナスストロークを投げかけていて、相手から「嫌われているのではないか」と思われたり、「何かあったのかな？」と不安感を与えていることはよくあります。ただ、マイナスのストロークを一切せずに過ごすのは、かえってストレスにつながりかねません。自分の気持ちを抑制しすぎるのも問題です。その場合は、条件付きのマイナスストロークにして伝えるとよいでしょう。「ここが、ちょっと……」というように限定的にマイナスの言葉を使えば、すべて否定された感じがしないので、相手が自分の問題点を見つけるヒントになり、よいコミュニケーションに発展することもあります。

　注意したいのは、無条件のマイナスストロークです。これは、相手の心理に深く響きやすいので、できるだけ使わないほうがよいでしょう。使っている本人は軽い気持ちであっても、「そんなやり方ではどうにもならないね。やめたほうがいいよ」などと言われたら、本当に

やめたくなってしまうでしょうし、さまざまなことに自信をなくしてしまいがちです。

　逆にプラスのストロークを使う際には、条件付きでも無条件でもよいでしょう。条件付きであれば、相手が自分の行動をよく見ていてくれていると感じてうれしいでしょうし、無条件であれば、相手から信頼を得ていると認識できるので自信につながります。

2 傾聴

1 傾聴とは

　傾聴とは、相手が話したいことをありのままに受け止めながら聴くことです。こちらが聞きたいことを聞くのは傾聴ではありません。相手が話したい内容を話したいだけ話してもらえるように聴くことが傾聴です。

　傾聴には一定の心理的効果があります。話したいことを相手がありのままに受け止めてくれると、①すっきりする（心の浄化）、②わかってくれる人がいる（安心感）、③気づきが促進される、という3つの効果があると言われています（図表2-2）。

図表2-2●傾聴の心理的効果

1. すっきりする（心の浄化）
2. わかってくれる人がいる（安心感）
3. 気づきが促進される

　確かに、私たちは誰かに話をじっくり聴いてもらった時、すっきりした気持ちになりやすいですし、よき理解者がいて話を理解してくれたことによって心が落ち着きます。さらに話している間に新たな気づきを得ることもあります。

　このように、相手の心理に影響を与える傾聴は、介護の場面では大変重要な役割があります。用件や要望だけを相手に尋ねるのではなく、相手の話に十分に耳を傾けることが必要です。対利用者にはもちろん、対スタッフに対しても同様です。

2 上手な傾聴のポイント

　では、傾聴はどのように行えばよいのでしょうか。相手が言いたいことを言いたいだけ言ってもらえるように聴くことを心がける必要がありますが、「聴こうとする気持ち」だけでは、十分な傾聴にはなりません。気持ちだけでは、相手に傾聴していることが伝わらないからです。

　話をしている側は、聴いている側の反応を見ています。そこで、聴き手が相手の話に対してうなずいているだけだと、反応がワンパターンに感じられて、「実はこの人は他のことを考えながら聴いているのではないか？」と思うことがあります。傾聴を行う際には、聴く側に必要な行動があるのです。聴き上手になるためのコツと言ってもよいでしょう。

　基本的なポイントは、次の2点です。
①複数の「プラスのストローク」を投げかけながら聴くこと。
②相手の話を「復唱」しながら聴くこと。

　まず、複数のプラスのストロークは、「アイコンタクト」「うなずき」「相づち」「笑顔」などです。特にうなずきと相づちは、相手の話した内容に合わせてタイミングよく行う必要があります。悩んでいることや深刻な話をしている場合は、ゆっくりと比較的大きくうなずく回数を増やすのが効果的ですが、楽しい話やうれしい話などの場合には、小さなうなずきをリズミカルに繰り返すことが効果的です。

　さらに、相手が話したい内容のところで、「へぇ」「なるほど」「すごい」「うわぁ」など、感嘆を示す相づちを打ちます。相手の話を聴いて「私の感情が動いた」ということを反応で返すことになるので、話している側は傾聴されていると感じるのです。

　そして、話している相手の感情が強くなったり、相手に訴えかけるような場面では、その話を相手が言った通りに復唱すると、より「この人は、私の話をありのままに受け入れてくれた」と感じます。

3 質問技法

1 質問の重要性

　傾聴の姿勢でうなずきや相づちを繰り返しながら相手の話を十分に復唱しても、効果的な「問いかけ」をしなければ話は続きません。話が深まる質問を投げかければコミュニケーションは豊かに展開しますが、効果の上がらない質問をしてしまうと、話が簡単に終わってしまうこともあります。

　質問次第でコミュニケーションは、大きく変化すると考えるとよいでしょう。コミュニケーションは、話す力よりも聴く力が大切なのです。特に、相手に気づきを与えたい時などは、質問が威力を発揮します。

　ここでは、相手の話を十分に引き出す質問技法のポイントを見ていきます。

2 質問技法のポイント

　質問にはたくさんの種類がありますが、基本的な分類としては大きく2つの技法があります。1つは拡大質問（オープン・クエスチョン）、もう1つは限定質問（クローズド・クエスチョン）です。

　拡大質問は、「どのように？」「どんな？」「どうして？」「どういう風に？」「何が？」など、相手の思いや考え、状況、意図、方法などを問いかける質問で、基本的に5W1H型の質問です。これに対して限定

質問は、「はい・いいえ」「AまたはB」、あるいは固有名詞を聞く質問など、事実や行動を確かめる際の質問で、答えを明確にしたい場合に使います。

　この2つの質問では、質問を投げかけられた側への心理的な効果が異なります。拡大質問を投げかけられると、相手は投げかけられた質問を自分自身に問いかけます。つまり相手に考えさせたり問題意識を持たせたりする効果があります。例えば「来月の誕生会は、どんなことをやりましょうか？」という質問をすると、回答する側は「どんなことをやろうかな？」と自分なりに考えて答えを発します。

　これに対し限定質問は、質問者が明確にしたいことや聞きたいことを聞く質問です。質問された側は、質問者が聞きたいことやコミュニケーションの意図を感じることもあります。例えば「来月の誕生会では、ケーキを出すの？」という質問をすると、回答する側は「ケーキを出すか、出さないか」を明確に答えればよいということになります。そして、「ケーキを出すことに何か考えがあるのかな？」と感じます。

　また、拡大質問はすぐに答えが出しにくい特徴があり、限定質問は比較的答えを出しやすい特徴があります。

　質問は、コミュニケーションの場面に応じて適切に使い分ける必要があります。**図表2-3**に、拡大質問の質問例と効果、場面をまとめま

図表2-3●拡大質問と限定質問の例、効果、場面

	拡大質問	限定質問
質問例	「その時、どんなことを考えましたか？」 「あなたならどうすればよいと思いますか？」 「何が問題なのでしょう？」 「何が原因だと思いますか？」	「このことについて考えましたか？」 「AとBでは、どちらがよいと思う？」 「問題はこれかな？」 「この中に原因はある？」
効果	・話を拡げやすい ・相手に考えさせやすい ・問題意識を持たせやすい	・誘導しやすい ・事実を明確にしやすい ・答えをすぐに引き出しやすい
場面	・多様な意見や状況を知りたい時 ・問題意識を持たせたい時 ・当事者意識を持たせたい時 ・新しい案を引き出したい時	・複数の案の中から結論を出す時 ・決定したい時 ・確認したい時 ・話の糸口をつくりたい時

した。

　拡大質問と限定質問をある程度意図的に使えるようになったら、傾聴のスキルと組み合わせて使うと格段にコミュニケーション力は増します。傾聴力に質問力が加わると、より深い「気づき」が促進されます。

事例 ◆ 傾聴＋質問技法の良い例、悪い例

●悪い例
スタッフ「なんだか最近この仕事がつらくて、辞めたいなと思うことがあるのです」
上司「なるほどね。なんでそう思ったの？」
スタッフ「あの……。なんて言ったらいいか……」
上司「そうか。まぁ、そういうことは誰でも1度や2度はあることだよな。でも君なら大丈夫だよ。持ち前の明るさがあって一生懸命やっていれば、きっとすぐにそういう気持ちは晴れてくるよ」
スタッフ「は、はい」
上司「みんなそうやって成長するものなんだ。僕だって昔は何度も辞めたくなったよ。でもこうやって今は頑張っていられるからね。一緒に頑張ろう」
スタッフ「そうですね……（心の中では、わだかまりが残る状態）」
上司「元気出せよ！」

★ポイント
　まず、上司が「なるほどね」と相づちを打っていますが、スタッフの思いを受け止めないまま上司が聞きたいことを聞いてしまっているため、スタッフは上司が自分の気持ちを理解してくれたとは思えません。さらに、「なぜ？」という一言では答えにくい質問をしているため、スタッフが質問に答えられず、心の中を表現できないままになっています。上司は、スタッフの気持ちがつかめないまま、自分の意見を言い始めています。スタッフは自分の気持ちを受け止めてもらえないままアドバイスをもらい、とりあえ

ず「はい」と答えざるを得ない状況です。上司は、スタッフの心の中を理解しないまま、「はい」という返事をそのまま受け入れて、スタッフに励ましの言葉を投げかけています。スタッフは、自分の気持ちをよく聞いてもらえていないうちに、上司のアドバイスや励ましをもらっていますから、自分へのアドバイスとして受け止めにくく、一般論としてのアドバイスのように感じてしまいます。

●良い例
スタッフ「なんだか最近この仕事がつらくて、辞めたいなと思うことがあるのです」
上司「そうか、最近仕事がつらくて辞めたいなと思うんだね。ところで、何かきっかけはあったのかな？」
スタッフ「は、はい。最近、職場の人間関係がうまくいっていない気がするんです」
上司「職場の人間関係がうまくいっていない気がするんだね」
スタッフ「はい。なんだか、私だけ浮いている気がして、他のスタッフが私にだけ連絡してくれなかったことがあって……」
上司「そうか。あなたにだけ連絡してくれなかったことがあったのか。それは職場で浮いている気持ちにもなるねぇ」
スタッフ「はい。どうしてそうなのか……」
上司「自分ではどうしてそうなんだと思う？」
スタッフ「うちのユニットでは連絡ノートがうまく使われていないというのもあるんですけど」
上司「連絡ノートがうまく使われていないと感じるんだね。どんな時にそう感じるのかな？」
スタッフ「この前、ユニットリーダーが……（続く）」
★ポイント
　上司はまず相づちを打った上で、スタッフの「仕事がつらい」「辞めたい」という言葉をありのままに受け止め、その言葉を復唱して

います。この復唱によってスタッフは自分の気持ちを上司はそのまま受け止めてくれたと感じ、「この人は、私の話を聞いてくれている」と感じています。次に上司は、「仕事がつらい」「辞めたい」という気持ちになった経緯や状況を聞こうとして「きっかけ」についての質問をしています。この質問によってスタッフは自分の感情がどのように変化したかを自覚することにもなります。上司の質問に対してスタッフは「人間関係がうまくいっていない気がする」という言葉を出しました。上司は、この言葉を復唱することによって、スタッフの言葉をありのままに受け止めています。すると、気持ちを受け止められたスタッフは、心の内側にある感情を徐々に言葉に表すようになっています。上司はそのまま傾聴を続け、スタッフが「どうしてそうなのか」と自分に問いかけた時、「その質問に答えてごらん」という意味でそのまま質問として返しています。ここまでくると共感と受容により上司に対するスタッフの心はオープンになり、本音を話し出しています。このように、上司が傾聴しながらスタッフに考えさせる質問を投げかけると、より深い「気づき」が促進されるのです。

　質問技法には、コミュニケーション上あまり多用しないほうがよいフレーズがあります。質問として尋ねている形式をとっていながら、相手は質問を投げかけられた気持にならない質問形式です。その代表的なものが「なぜ＋否定的な言葉」の質問です。例えば、「なぜ、こんなこともわからないの？」と聞かれたら、どのように感じるでしょうか？　質問された側は、責められたような気持ちになってしまいます。質問に対する答えは、理由ではなく「すみません」という謝罪になってしまいがちです。もしこれを適切な質問に言い換えるのであれば、「これがわからない理由はどういうことだと思う？」というように、肯定的な質問にするとよいでしょう。質問者が「なぜ、こんなことになったんだ？」と感情的になると、つい「なぜ＋否定的な言葉」を投げかけたくなりますが、このままでは理由を聞いたことにはならず、相

手を追い詰めるだけになってしまいます。「何か理由はある？」とか「どんなことが原因だと思う？」といった質問をして、相手に適切な問題認識を持ってもらい、解決につながる問いかけをしたいものです。

3 目的別の質問技法

　さらに、質問を目的に合わせて応用的に使う例をいくつか見てみましょう。

　相手の状況をより詳しく聞くための応用的な質問として「状況質問」というものがあります。「このアイデアは、どんなきっかけで浮かんだのですか？」「いつ頃から取り組み始めたのですか？」といった質問で、相手が頭の中でシーンを描きやすくするために、ある「時」を思い出すように質問する技法です。取り組みのきっかけ、始めた頃の印象、誰が最初に取り組み出したのかなど、相手がその時の状況を思い出せるような質問を拡大質問で投げかけてみましょう。

　次に、相手の問題点を探る「問題質問」というものがあります。「デイサービスを利用するにあたって、何かお困りのことはありませんでしたか？」といった質問で、相手が感じている問題点を探る質問です。困っていること、悩んでいること、時間を要すること、やりにくいこと、不満などを質問することによって、相手が抱える問題点を聞き出します。その問題を解決すれば、満足度が高まることにつながりますから、積極的に聞き出し課題解決への一歩を踏み出す質問として活用したいものです。

　さらに、相手の潜在意識に問いかける質問として、「示唆質問」というものがあります。「もし、週2回のところ、週3回にするとどうですか？」といったように、「もし～だったら」という仮定の状況を示して、相手の視点を変える質問です。こちらの考えを押し付けることなく、相手の考えを柔軟にしたい時に使ってみるとよいでしょう。交渉などの場面で使うことも多い質問です。

問題質問や示唆質問を投げかけた後に効果を発揮するのが、「解決質問」です。解決の方向に促したり、本人が解決に向けて決定する質問で、「時間的な問題が解決すれば、あとは問題ありませんか？」「来週から担当者を変更しようと思いますが、いかがですか？」というように、こちらの案を出した後に相手に質問を投げかけ、解決の方向へ導きます。「それでは、今後○○にいたします」と言い切るのではなく、「それでは、今後○○にいたしますが、いかがでしょうか？」というように問いかけ型にすることによって、相手がこちらの意見に従うのではなく、自分で承認したという感覚になってもらうために重要な質問です。ただし、この質問の注意点として、相手が「いいえ」と否定しにくい特性があるので、そのことを踏まえて使う必要があります。

> **Column　初対面の利用者（家族）とのコミュニケーション**
>
> 　初対面の利用者（家族）とのコミュニケーションは、気を遣うものです。利用者の価値観や今後の暮らし方などを聞き出す必要があっても、初対面だと心理的な距離があって、なかなか本音を聞き出しにくいことは多いでしょう。そのような場合に有効なのが、「時間軸を意識した質問」です。
> 　現在質問⇒過去質問⇒未来質問という時間のステップを意識して質問を行うと、初対面でも比較的距離を縮めながらコミュニケーションを図ることが可能になります。
> 　現在の話は思い出しやすく、話題にもしやすいものです。いきなり初対面でその人の過去や生活歴などを聞き出そうとしても、関係性が築けていなければ話は発展しにくいでしょう。将来に関する考えなどの話題は、なおさら話しにくいと思います。
> 　そこで最初は、現在の状況（共通理解のできる話がよい）についての話から始めます。現在の出来事など共通の話題で打ち解けてきたら、次に現在から過去に時間をさかのぼります。「いつ頃から？」といった質問を投げかければ、過去の話になりやすいでしょう。過去の話は

将来の話よりもしやすいという特徴があります。「事実としてあったこと」ですから、思い出しながら話すことができるからです。
　将来の話は、これからのことなので想像しなければならず、理解し合っている相手でなければ、話しにくい特徴があります。
　現在⇒過去の話を十分に聴き、相手のことを理解できたら、将来の話に発展させましょう。過去から現在に至るその人のストーリーの延長線上に、どのような将来展望があるのかを聞き出すことができると、コミュニケーションはかなり深まったと言えるでしょう。これから先、どのようなことを考えているか、どんなことが不安かを聞き出すことができれば、日頃の支援やケアマネジメントにも役立ちます。
　このように、現在⇒過去⇒未来というステップで関係性を築きながらコミュニケーションを行うと信頼関係が構築しやすいのです。

4 業務伝達

1 「報告・連絡・相談」の課題

　業務上の必要事項を伝え合うためのコミュニケーションを、業務伝達と言います。いわゆる「ホウ・レン・ソウ（報告・連絡・相談）」です。

　組織マネジメントにおいて、「ホウ・レン・ソウ」が重要であることは、ほとんどの管理者が認識していることですが、実際に「ホウ・レン・ソウ」がうまくいっているかというと、そうでもない組織が多いのが実情です。「ホウ・レン・ソウ」を人の感覚や意識に頼って行うのではなく、組織の仕組みとして実践していくためのポイントを押さえてルール化しておきたいものです。

　ここでは、介護組織における情報共有のルール化について解説します。

2 「報告」のルール化

　「ホウ・レン・ソウ」の中で、もっとも難しいとされるのが「報告」です。報告は、部下が上司に行ったり現場職員が責任者に行ったりするものですが、上司や責任者が要求していることを、部下や現場職員が認識しているとは限りません。そのため、必要な情報が上司や責任者に伝わらないという事態になってしまうことがあります。「何で、こんな大切なことをもっと早く報告しないんだ！」といった叱責が聞かれるのは、上司があらかじめ部下に対して「報告すべきこと」を定め

ていないためなのです。

では、報告すべきこととはどんなことでしょうか。報告には、基本的に「3つの要素」があります（**図表2-4**）。この要素を「報告すべきこと」としてルール化することをおすすめします。

図表2-4 ●「報告事項」3つのルール

①「悪い情報」ほど、できるだけ早く報告すること
②「状況が変化」したら報告すること
③「指示されたことが終わった」場合は報告すること

（1）「悪い情報」ほど、できるだけ早く報告すること

「悪い情報」とは、事故やトラブルなど、利用者にとってよくない事態が発生した場合のことです。利用者の体調が悪化した場合や、いつもは問題ないことを拒否した場合、利用者同士が言い争いを始めた場合などがあります。

こうした場合は、いち早く報告しなければなりませんが、悪い情報ほど上司への報告が遅れるという特性があります。「どうしよう、何とか対応できないかな」といった心理に陥り、報告が遅れてしまって、事態はどんどん悪化してしまうのです。

悪い事態に遭遇したら、できるだけ早く報告することをルール化して、報告しやすい環境をつくることが求められています。

（2）「状況が変化」したら報告すること

なぜ状況が変化した場合に報告が必要かというと、予定された状況が変化することによって、想定外の事態が起き得る状況になったり、新たな指示が必要になったりする可能性があるからです。組織として早めに手を打つためにも、状況の変化があったら、すぐに報告すべきです。

また、リスクは「変化や変更に潜在化しやすい」という特性があります。「環境が変わった」「変更に気づかなかった」「今朝、お迎えに行った際に利用者の様子がちょっとおかしいと思った」「退院したばかり」

といった状況には、明らかにリスクが潜んでいます。そのため、状況が変化した場合は、それによりどのようなことが想定されるかはわからなくても、変化自体が報告事項になります。

　さらに、なぜ変化したのか、変更したのか、といった背後にある要因にも気づく姿勢を持つことができると、指示がより明確になり、組織としての対応力もアップします。変化した情報やその背後に隠れた要因を上司や関係者が知ることによって、迅速な対応が可能になります。

(3)「指示されたことが終わった」場合は報告すること

　上司から部下に何らかの指示や伝達事項があって、その業務が完了した場合は、上司に報告します。上司は、指示事項が終わった結果、どのような状態になったかを知りたいことが多く、次の業務を誰かに依頼したいと考えているかもしれません。指示について期限を定めている場合には、実施した業務を別の人に報告したいこともあります。直接事故の防止につながるかどうかはわかりませんが、組織として円滑に情報を共有するためには、必要なことと言えます。

3 「連絡」のルール化

　連絡の方法についてもルール化しておくと、情報が伝わりやすくなります。朝礼などのブリーフィングや定期的なミーティング等の場でうまく情報伝達ができると、後で伝わっていなかったということも防げるため、ルール化は重要です。

　連絡事項をうまく伝えるためのルールは**図表2-5**の通りです。

図表2-5●連絡事項をうまく伝えるための5つのルール

①意図を伝えること
②相手の理解度に合わせること
③整理して伝えること
④伝達事項を記録すること
⑤伝えた内容を確認すること

(1) 意図を伝えること

　情報を伝える際は、業務内容だけを伝えるのではなく、その意図まで伝えることで、2つの効果が期待できます。

　1つは、伝達を受けた側に応用力がつくということです。現場で判断が必要になった際に伝達内容の意図がわかっていると、その場で考えて目的に合った柔軟な行動をとりやすくなります。例えば、「○○さんは先日むせていて誤嚥の可能性も疑われるので、食事介助の際は、少しずつゆっくりお願いしますね」と言えば、なぜ「少しずつゆっくりなのか」がわかり、事故防止にも役立ちます。

　もう1つは、伝達した意図を配慮した行動が促進されやすくなります。例えば、「△△さんは皮膚が弱いので、入浴の際は保湿クリームを忘れないでくださいね」と言えば、単に保湿クリームを塗るだけではなく、皮膚の弱さに応じた行動も期待できます。

　なぜそのことを伝える必要があるのかも同時に伝達して、共通の目的意識をつくりたいものです。

(2) 相手の理解度に合わせること

　情報の共有が難しいと言われる理由の1つが、人には「認識のギャップ」があるということです。

　ある人が「Aさんは血圧が高いので、入浴時は注意してください」と言った場合、その情報を聞いた人は伝達者と同じ認識で注意できるかというと、そうとは限りません。伝達者は「お湯が熱すぎたり衣服の着脱時に寒すぎると、交感神経が刺激されて血圧が上がるので、温度変化に気をつけて」ということを踏まえて注意を促したつもりでも、その情報を聞いた人が「血圧が高いので入浴前に血圧チェックを忘れないように注意しよう」と認識してしまえば、伝達事項はうまく伝わりません。

　わかりきっているようなことでも、相手の理解度に合わせて丁寧に伝達する必要があります。

(3) 整理して伝えること

　伝達上手な人の言葉をよく聞いていると、「今日の伝達事項は2つあります」とか「大切なポイントは3つです」といったように、伝達すべき内容をあらかじめ整理してまとめた上で説明していることに気づきます。

　伝達すべき情報を、「まず○○が大切で、次に△△についても留意して、それから……」といったようにダラダラと話してしまうと、情報の受け手側の頭の中でうまく記憶することができず、伝えたはずの情報に漏れが生じる可能性が高まります。

　情報を伝達する人は、あらかじめ整理して伝達事項をまとめる癖をつける必要があります。

(4) 伝達事項を記録すること

　伝達事項の記録で留意したいことは3点あります。

　1つは、情報を受ける側が定期的に読み返すシートやノートなどに記録を残すことです。ある時はメモ用紙に残し、ある時はノートに残し、ある時は付箋紙に残すといったようでは、記録した内容を読み返す機会が減り、適切ではありません。記録は伝達事項を読み返すための決まったツールに残します。

　次に、その記録にはチェック欄をつけることが大切です。伝達された内容が終わったかどうか、他のスタッフに伝えるべきかどうかなどがわかるように、チェック欄を設けて伝達事項の実行を管理できるようにします。

　3点目は、伝達者も記録を残すということです。すべての伝達事項を記録するのが難しい場合は、重要な伝達事項や徹底したい事項に絞っても構いません。伝達した内容を風化させず、何度も確認できるように、いつ誰に伝えたのかを記録に残すようにすると、周知に役立ちます。

(5) 伝えた内容を確認すること

　伝えたい内容を確実に相手に伝える上でもっとも重要なのが「確認」です。ちなみに、介護事故における要因のワースト1も「確認不足」です（自己確認も含む）。それだけに、確認の方法をおろそかにして事故を防止することは不可能と言えます。

　確認という行動はとてもやっかいなもので、確認の方法は人によって違いが出やすいという特性があります。ある人は、口頭で「わかった？」と確認し、ある人は伝達事項を復唱させて確認し、ある人は引き継ぎノートにサインをして確認するなど、多様な確認方法が存在します。

　「確認することが大切」と言うだけでは、確認そのものが機能しなくなってしまうので、できるだけ具体的に確認方法を手順化することです。例えば、**図表2-6**のような方法の中から、組織で使いやすいものを選ぶとよいでしょう。

図表●2-6　確認の方法をルール化する具体例

- 重要事項の伝達は、決められた書式に記録し、復唱確認を促すこと
- 事故報告書の回覧は、重要と考えられる箇所に蛍光ペンで印をつけ、把握した日付とともに名前を記入すること
- 申し送りノートのチェックには、担当としてのコメントを入れること
- 少しでも不明な箇所があれば、わかったフリをせず、質問すること

Column　確認のスキル──ダブルチェック

　服薬準備など、介護の多くの場面でダブルチェックによる確認を行うことがあります。場合によっては、トリプルチェックなども行い、できるだけ確実に業務が遂行されるように配慮している現場も多いでしょう。

　しかし、残念ながらダブルチェックやトリプルチェックを行ってもミスが見つからないといった事態にも至っています。ダブルチェックは、ただ単純に2回に分けて内容をチェックすればよいわけではありません。ミスが発見できるようなダブルチェックの方法をとらなけれ

ばならないのです。

ダブルチェックを行う際に、気をつけなければならないことは、2回目にチェックする際に、心理的に「社会的手抜き」が生じるということです。

社会的手抜きとは集団心理の1つで、本人に強い認識がない状態で起こる現象です。ある課題を複数で実施する際、任務プレッシャーが分散され、1人ひとりが自分に求められる努力量を小さく認知するために生じると言われています。集団に対して与えられる業務は、たった1人で作業を行う場合と違って、集中力を維持するのが困難になりやすいのです。

これを解決するためには、ダブルチェックの方法を工夫する必要があります。例えば、1人目がチェックする方法と2人目がチェックする方法を変えることなどがあります。1人目は項目の上から下にチェックし、2人目は下から上にチェックするなどで、社会的依存を少なくすることが可能です。この他に、2人がペアになって読み上げる役割とチェックする役割に分け、その役割を交代で行う方法もあります。

いずれにしても、依存が起こらないように、1人ひとりの役割を明確にして各自が集中しやすい業務配分にすることが重要です。

4 「相談」の鉄則

自分では判断がつかないことや難しいことが発生したら相談をする、といった基本的なことは介護の現場ではよく行われていることです。

相談で難しいのは、本当は相談したほうがよいことなのに、本人はわかったつもりになっていて、相談なしに業務を進めてしまい問題が発生するようなケースです。こうした事態を防ぐためには、上司によ

る働きかけが重要です。相談しにくい雰囲気だったり、「できて当然」といった威圧感を与えるような組織だと、部下はわかったフリをしてしまいがちです。

　相談がうまく機能するためには、上司から部下が相談できる機会をつくることが大切です。相談ごとなど何もないように思える場合でも、定期的に言葉をかけるようにしましょう。もちろん、直接「相談ない？」と聞いても相談ごとが出てくるわけではありません。何気ない会話の中で、心配な要素はないか、困りそうなことはないか、仕事の中でやりにくいことや時間を要するようなことはないかなど、マイナス情報を聞き出すチャンスを持つことが相談を機能させることにつながります。

図表●2-7　相談がうまく機能するためのポイント

・日常業務の中で部下に対して定期的な言葉がけのチャンスをつくる
・何気ない会話の中でマイナス情報に耳を傾ける
　　　心配な要素はないか
　　　困りそうなことはないか
　　　仕事の中でやりにくいことはないか
　　　時間を要するようなことはないか
　　　判断に迷うようなことはないか
　　　戸惑うことはないか
　　　ストレスを感じていないか　など

5 ブレーンストーミング

1 ルールとステップ

　新しいアイデアを出したり、リスクの洗い出しをしたり、思考の枠を拡げて何かを討議する手法がブレーンストーミングです。ブレーンストーミングは集団発想法とも言い、ある人が出した意見に刺激されて他の人が新たな着想をし、その着想に誘発されてさらに別の見解が出される発想の展開方法です。

　独創的なアイデアは、1人で悶々と考えていてもなかなか出てきません。思考を拡げようと思っても、1人では簡単に拡がらないものです。そこで、他人との意見交換を通じて1人では気づかない視点を取り入れ、自分自身の思考の枠を拡げることが大切になります。思考の枠が拡がれば、新たなアイデアは生まれやすくなり、そのアイデアがさらに他人の思考の枠を拡げ、単独では導き出せなかった発想がわき出てくるのです。つまりブレーンストーミングは、話し合うメンバー同士の意見のユニークさを大切にしながら、自分自身の考えを柔軟に変化させ、そのことがメンバーの発想の幅を拡げる手助けとなるように進める討議方法です。ブレーンストーミングを行う際は、以下のルールを守ることと、必要なステップを踏むことが大切です。

〈ブレーンストーミングのルール〉
・自由な意見を歓迎する。
・人が出した意見を否定しない。
・他人の意見に便乗する。

・質より量を重視する。
・結論を出さない。

〈ブレーンストーミングの基本ステップ〉
ステップ1：ルールを説明する。
ステップ2：司会者が、対象となるテーマの説明をし、参加者に問いかける。
ステップ3：参加者がアイデアを出し続け、記録する。
ステップ4：アイデアを分類し、まとめる。
ステップ5：アイデアが出ない場合は、司会者が呼び水となる質問を投げかける。
ステップ6：すべての参加者にアイデアを出してもらう。

2 上手なブレーンストーミングを行うポイント

　ブレーンストーミングを行う際には、最初のステップで必ず参加者全員がルールをよく理解しておくことが大切です。無意識のうちにルールを無視して誰かの意見を否定してしまったり、量より質を重視してしまったりして、話し合いが行き詰ることは多いものです。ある人が出した意見には皆で必ず「いいね」という同意を示し、もし反対意見がある場合には、否定せずに「では、こういう意見はどうだろう？」と建設的に別の意見を追加するようにします。他の参加者は出された別の意見も否定せずに「なるほど」と返して、さらに他の意見や類似の意見に発展させるようにします。
　ブレーンストーミングでは、司会者の役割が重要です。司会者はテーマを設定し、何について意見交換をするのか参加者に説明します。そして、参加者にうまく意見を出してもらえるように問いかけます。問いかける際には、拡大質問を多く使うことが望まれます。拡大質問は多様な答えが出やすいので、ブレーンストーミングには有効です。参

加者はアイデアを出し続け、司会者は記録します。記録する際には、ホワイトボードや模造紙などを使って、参加者が共有しやすいようにします。出された意見を参加者が見ながら、その意見に便乗すれば新たなアイデアが出やすくなります。

　次に、出された意見の中である程度まとめられるものを分類（グルーピング）します。分類する際、最初はあまり大きな分類ではなく、小さなまとまりごとに分けるようにします。最初から大きなまとまりにしてしまうと、その後の思考が拡がりにくくなるためです。ある程度のまとまりができたら、グループ間の違いと類似点を確認し、司会者は「このグループで他に何かないですか？」「このグループとこのグループの関係性の中から、何か新たなアイデアはありませんか？」などの質問を投げかけます。意見をあまり出していない人にも質問し、全員が意見を出せるように司会者が促します。

6 ファシリテーション

1 ファシリテーションの活用

　ファシリテーションとは、話し合うメンバーの垣根を超えて発想を拡げ、新たな気づきを得ながら、メンバー間で合意を形成する手法のことを言います。事業所内で対話しながら何かを検討したり決定したりする時に有効な手法で、主に会議や委員会などの場面で用いられます。ファシリテーションの本来の意味は、「促進する」「容易にする」ということです。話し合いにより意見交換が促進され、組織が活性化したり、効率的な会議運営が可能になります。

　ファシリテーションが有効に使われるシーンとしては、会議や討議の場の他に、意見交換やアイデア出しの場、合意形成や決定の場、学習や教育の場、要因分析や問題解決の場などがあります。介護事業所の組織でも、さまざまな場面で使いたい手法です。

2 ファシリテーターの役割

　ファシリテーションには一定のスキルが必要ですが、スキルさえあればうまくいくというものではありません。ファシリテーター（ファシリテーションを行う人）の意識も欠かせない要素です。ファシリテーターに求められる要素は**図表2-8**の通りです。

　ファシリテーターは、活発な話し合いをリードするモチベーションを持ち、多様な意見を交換し合った上で、さらにメンバー同士の合意

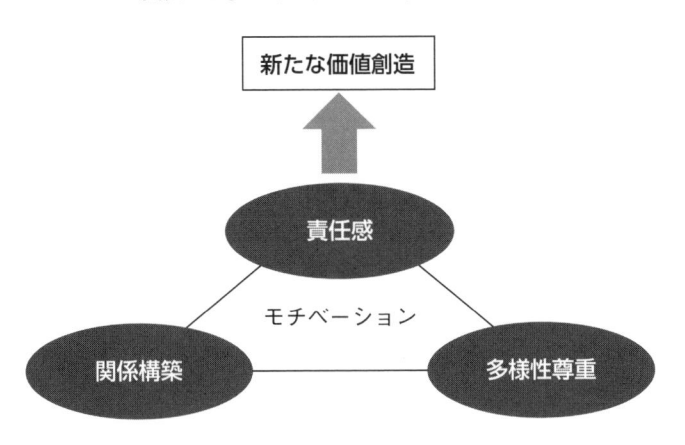

図表2-8 ●ファシリテーターに求められる要素

新たな価値創造

責任感
モチベーション
関係構築　　多様性尊重

を形成することが求められますので、「モチベーション」「責任感」「関係構築」「多様性尊重」といった要素が求められます。目的から外れたように見える意見が出されても前向きに受け止め、他の意見も尊重し、メンバーの関係を維持しながら、新たな価値を生み出すサポートをする必要があるためです。こうした要素によってさまざまな意見交換を経て合意を得た時、新たな価値が創造されるのです。

〈ファシリテーションの基本ステップ〉
　ファシリテーションは、以下の基本的なステップを踏むと進めやすくなります。
ステップ1：目的・目標の共有
ステップ2：情報収集（問題の共有）
ステップ3：情報分析（要因・原因の検討）
ステップ4：課題の抽出
ステップ5：解決のアイデア収集
ステップ6：解決策の評価・統合
ステップ7：解決策の決定

3 ブレーンストーミングとファシリテーションのながれ

ではここで、ファシリテーションのステップを踏みながら、ブレーンストーミング手法を織り交ぜた、会議方法を見ていきましょう。

ステップ1：目的・目標の共有

会議を行う際には、メンバー間で話し合う目的や目標を共有する必要があります。メンバーが到達する着地点を共有することで、話し合いの方向について共通の認識を持つことができ、話し合いをスムーズに進めやすくなります。また、話し合う中でメンバー同士の意見が合わなくなることがありますが、話し合いの目的や目標を再度確認することによって、合意をとりやすくなるという意味もあります。ここでは、現場のリーダー会議で話し合う目的を「私たちの組織のリーダーの役割を決める」ことにしたケースについて考えます。

ステップ2：情報収集（問題の共有）

話し合いの質を向上させるには、メンバー間でいかに情報を共有するかがポイントとなります。話し合いの序盤では、特に情報の質よりも量を重視して、メンバー全員が発言できるように情報を集め、問題点を共有したいものです。ある程度話し合うテーマに沿っていれば、多少話が拡散しても構いません。ここでブレーンストーミングを行います。具体例などを交えて、現状の問題点を話し合う時間をとります。例えば、「日勤と夜勤の引き継ぎがうまくいかない」「服薬ミスがあった」「伝達事項がうまく伝わらない」などの情報が挙がったとします。

ステップ3：情報の分析（要因・原因の検討）

メンバーから出された情報は、ある一定のまとまりをつけて分類したり、分析して要因や原因を探し出したりする必要があります。話し

合う目的によって次のような分類や分析があります。
①カテゴリー分け（同じ種類の情報を統合してまとめること）
②因果関係に分類（原因と結果に分けて整理すること）
③要因分析（原因の連鎖を分析すること）
④マトリクス化（切り口を分けて図表化すること）
⑤チャート化（フロー図などにして系統立てること）

　ステップ2で出された「日勤と夜勤の引き継ぎがうまくいかない」「服薬ミスがあった」「伝達事項がうまく伝わらない」などは、まず情報伝達の問題と服薬プロセス上の要因分析に分けられます。そして、情報伝達の問題は、さらにその要因分析をしてみるとよいでしょう。

ステップ4：課題の抽出

　情報を分類・分析したら、その情報から課題を抽出します。ここで注意したい点は、ファシリテーターが問題と課題の違いを認識しておくことです。現場で生じる事象の中には、問題がたくさん存在します。その問題を1つひとつ解決しても、また他の問題が生じてしまい、結局、いつも問題解決に追われてしまう、ということがよくあります。これは、問題を引き起こしている組織上の「課題」に焦点が合っていないために起きることです。これらの問題に潜む共通事項を見出し、解決すべき重点テーマを決める必要があります。問題を生じさせる要因の中で組織上解決すべき重要な事項は何かについて意見交換するのです。ここでの例については、「確認の仕組みがないこと」が問題点として挙げられるかもしれません。「情報伝達の確認の仕組みは？」「服薬チェックの確認の仕組みは？」といったように組織として解決すべき事項を見出します。

ステップ5：解決のアイデア収集

　課題が抽出されれば、解決方法を考えます。ここではステップ2で行ったように、話し合いをもう1度拡散させます。つまり再度ブレーンストーミングを行うわけです。不可能に感じられるような意見も歓

迎し、解決策を最初から絞り込もうとせずに、メンバーから多様な意見を集めます。例えば、「確認の方法をマニュアル化する」「確認週間というキャンペーンを打つ」「重要な確認事項はシートに記入し、赤ペンでチェックを入れる」「週に1度リーダーが確認の方法を現場でチェックする」などが出されたとします。

ステップ6：解決策の評価・統合

　出された解決策の中で、もっとも重要な方法を選びます。選ぶ際には、今回の話し合いの目的に沿ったものかどうかで判断します。この例では、「私たちの組織のリーダーの役割を決めること」が目的ですから、「確認事項の中で重要なものをリーダーが選定すること」「選定した重要確認事項を書くシートをリーダーが決めること」「シート記入後の確認は赤ペンで行うと指示すること」「リーダーは決めた方法を実際に行っているかどうかを週に1度チェックすること」などが挙げられます。

ステップ7：解決策の決定

　最後に、ステップ6で選定した解決策を会議で検討して決定事項とし、組織にどのように浸透させればよいかを話し合います。この例では、決められた伝達事項確認の方法について、「どのように周知し、伝わったかどうかを確認し、実際にその方法がとられているかどうかをチェックする」というリーダーの役割が決まったということです。

7 インストラクション

　事業所内で研修やスーパービジョンを行う際に必要になるのがインストラクションです。習得する側の「わかる」や「できる」を生み出すためのコツと言い換えてもよいでしょう。「そうか」と相手に気づかせながら、「よし、やってみよう」という気持ちにさせて、実践できるようにするインストラクションの方法について解説します。

　インストラクションは、トレーニングとコーチングをつなぐ位置づけで捉えるとわかりやすいでしょう。コーチングは、部下自身が能力を伸ばそうとすることを上司が導く意味合いであるのに対し、トレーニングは、部下が一定のスキルや知識を身につけられるように指導する意味合いです。経験のない新人職員に「どうしたらうまくいくと思う？」と尋ねても何をどうやってよいかがわかならいため、能力を向上させにくいものです。そのため新人にはトレーニングが必要となります。2年、3年と経験を積むと、自分で考えて応用したり、自分で判断してよりよい方向に持っていったりすることが求められます。自分で考えて主体的に行動できるようになるためには、上司が関与し過ぎてはなりません。この段階になると、部下の能力を高めるにはコーチングのほうが適切です。インストラクションをトレーニングとコーチングをつなぐ役割と考え、部下の能力や経験に応じて指導方法を選ぶとよいでしょう。

　インストラクションには、いくつかの方法があります。ここでは、①4ステップトレーニング、②ハンズオントレーニングの2つを紹介します。

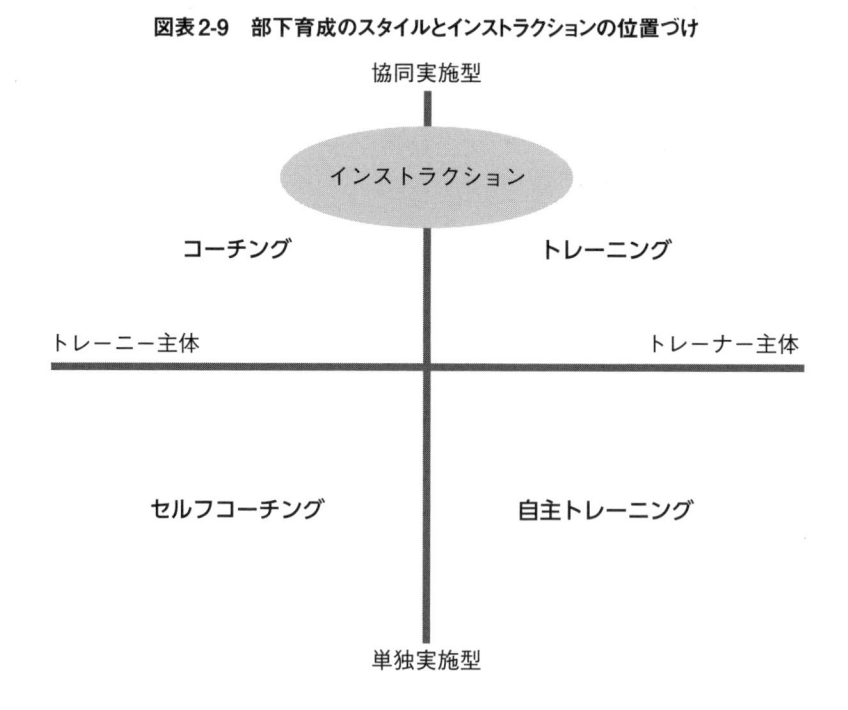

図表2-9　部下育成のスタイルとインストラクションの位置づけ

```
                    協同実施型
                        │
                 インストラクション
                        │
        コーチング       │      トレーニング
                        │
  トレーニー主体 ────────┼──────── トレーナー主体
                        │
       セルフコーチング  │      自主トレーニング
                        │
                    単独実施型
```

1　4ステップトレーニング

　4ステップトレーニングとは、介助の方法や接遇など身体を動かして覚える必要のある技術を習得するのに適したトレーニング手法です。特に、何かの技術や手順を初めて覚える時や、やり方を変える際に有効です。

　新人研修などでは、特に多用したいトレーニング方法です。介護技術などは、先輩の見よう見真似で行うと危険なことがあったり、腰などを痛めてしまうことがあります。正確に技術を習得するためには、単に先輩のやっていることを真似るのではなく、身につけやすいトレーニング手法に沿って、確実にできるようにしたいものです。

　4ステップトレーニングがなぜ技術習得に優れたトレーニング手法かというと、人が物事を習得するには「理解の段階」があり、その「理解の段階」に応じて4つのステップが組まれているからです。

　よくある自己流トレーニングの悪い方法として、手本を見せて真似

をさせ、その行動の悪いところを改めるように指導する、というものです。これでは、トレーニー（習得する人）が何を重点的に認識して実施すればよいかがわからないため、技術が定着しにくく、学習効果が低くなりがちです。トレーニーに重要ポイントを認識させた上で手本を見せ、その後の実施では重要ポイントを中心に評価すれば、学習効果は大きく向上します。

　こうした手順を具体的に4つのステップにしたのが4ステップトレーニングなのです。

ステップ1：ティーチング

　これから覚えることについて、重要ポイントを説明します。なぜその点が重要なのかも伝えると効果が上がります。
・その内容に必要なものを紹介します。
・目的、求める基準、なぜその方法がよいのかを伝えます。
・トレーニングの内容について興味を抱かせるように、実施するシーンを伝えるとよいでしょう。

　ここでのトレーニーの学習効果は20％と考えられます（人が耳から得た情報の学習度合いは20％）。

ステップ2：手本の提示

　達成水準を認識してもらうために、覚える内容を正しい手順でトレーナーがやって見せます。
・一連の動きについて、手本を見せます。
・次に、ゆっくりポイントに区切って説明しながらやって見せます。
・書いて見せたり、絵を見せたりして重要なポイントを強調します。
・理由や目的を理解できるようにします。

　認識したことを目で確認することによって学習効果は50％になります。

ステップ3：実施

　ステップ1で伝えた重要ポイントをトレーニーが実施します。さらに、実施した際に認識した重要ポイントをトレーニーがトレーナーに伝えます。

・トレーニングを受ける人が実践します。
・途中で間違いがあれば、その場で修正します。
・実際に業務で行うように実施します。
・トレーニーがどのような点を認識して実施したかを説明します（トレーナーが説明を促す必要があります）。

　実際にやってみて、さらにそれを説明することができると学習効果は90％に上がります。

　実施した後に、トレーニーがどのような説明をするかによって、たまたまできたのか、理解してできたのかを把握することができるため、このステップは大変重要です。

ステップ4：評価

・トレーナーがよい点と改善点を評価します。
・わからないところがないかを確認します。
・どうすればさらによくなるかをアドバイスします。
・必要に応じてステップ1、ステップ2またはステップ3に戻ります。

　トレーナーがよい点を「よい」と評価することによって、トレーニーの自信につながります。トレーナーが「ここをこのように改善したほうがよい」と具体的に言うことによって、トレーニーにとっての次の課題が明確になります。

2 ハンズオントレーニング

　ハンズオントレーニングは、現場での実地・実践的なトレーニング手法です。4ステップトレーニングを終えた後、実際の場面でスムー

ズに仕事が進行しているかどうかを確かめ、評価しながら、スーパーバイズする方法です。利用者への介助方法や言葉がけが適切かどうかを評価し、現場で実践しながら指導するトレーニング手法です。手順などを覚えたばかりのスタッフに対して、先輩が1つひとつの手順を適切に踏んで実施しているかを確認します。最初はゆっくりとしたテンポで行い、徐々にスピードを上げていくとよいでしょう。仕上げの段階になったら、トレーナーは設定した基準の時間内に一連の手順を1人で実施できるかを確認します。

（1）ハンズオントレーニングの方法

①トレーナーは利用者の迷惑にならないように注意し、トレーニーの横または後ろなど、トレーニーの仕事がよく見える位置につきます。
②トレーニーが行っていることの優先順位は的確か、作業のスピードは適正かの確認をしながら、必要に応じて業務への指示・支援を行います。
③基準時間を設定して、実際の場面に即したトレーニングを行います。最初は基準時間内に実施することよりも手順を正確に行えているかをトレーナーと共に確認します。手順通りに行うことができ、優先順位の判断も適切になってきたら、基準時間内で一連の動作が行えるかを評価します。
④実施後にトレーニーの評価、課題・目標設定を行い次回につなげます。

（2）注意点

①トレーナーも利用者と接しているということを忘れないようにします。
②1度にたくさんの指示を出しすぎないようにします。
③トレーニーに対する否定的な態度や発言をしないようにします。
④利用者の体調が悪い時などは、実施を避けるようにします。

Column トレーニングや教育に必要な育成計画

　思いつきや場当たり的にトレーニングを行っても、スキルが定着しにくく、癖が抜けなかったり自己流になってしまったりします。覚える人それぞれに得意なところも苦手なところも異なりますから、その人に合わせた教育を行う必要があります。そのためには、職員の個人別育成計画をつくり、計画的に育成するとよいでしょう。

●個人別育成計画例

対象者名　　　　　　　　　　　　　　　　　　　　年　月　日

項目	内容
介護理念	利用者様1人ひとりの「その人らしさ」を尊重します。
個人目標	・段取りのミスをなくすこと。 ・リスクアセスメントチェック項目を満たすこと。
課題	・段取り（1人ひとりに応じた準備ができていない） ・個別のリスクアセスメントに応じた支援 ・適切な言葉がけ
指導方法	ハンズオントレーニングにより、利用者のリスクに応じた介助方法を習得
期間	4月第1週〜第3週
場所	○○ユニット
ツール	アセスメントチェック表、段取りマニュアル
トレーナー名	○○　○○
育成計画	4月　第1週　目標の確認 　　　　　　　ハンズオントレーニングにより実施 　　　　　　　（リスクの少ない利用者様） 　　　第2週　認知症の方への実施 　　　第3週　トレーナーによる評価と課題設定
評価方法	・ハンズオントレーニングによる振り返り ・リスクアセスメントチェックリストに基づいた評価 ・段取りマニュアルに沿った評価

3 コーチングコミュニケーション

　コーチングコミュニケーションとは、部下がめざす目標に到達するように上司がサポートし、部下の能力を向上させるコミュニケーション手法のことです。つまり、言われたことだけを行うのではなく、職員の自発性や主体性に働きかけ、職員が自ら進んで動けるように上司が部下に対して働きかけるコミュニケーションなのです。基本的なことを一通り習得した職員が、現場の状況に応じて、自分で考えて的確に判断しながら業務を行えるようになるために有効な方法です。

　コーチングコミュニケーションを行う上で必要な要素は**図表2-10**の通りです。

図表2-10●コーチングコミュニケーションを行うための5つの要素

①環境設定
②共感・受容
③承認
④問いかけ
⑤コミットメント

(1) 環境設定

　人材育成と環境には非常に大きな関係があります。人は周りの環境に順応しようとする特性があるからです。環境が人を育てると言っても過言ではないでしょう。特にコーチングでは、本人の自発性に働きかける要素があるため、環境設定には気を遣いたいものです。例えば一般的に、大勢の前で職員を叱責すればその職員はやる気をなくしてしまいやすいですし、大勢の前で称賛すればやる気が出てくるということが言えます。仕事上の悩みなども聴く必要があり、本人に本音を語ってもらいながら仕事へのモチベーションを徐々に高めていきたい時には、面談室のような場所を用意して十分な時間をとる必要があります。逆に、優れた取り組みがあった場合に、他の職員たちがいる前でその取り組みを行った職員に「どのような経緯で行ったのか教えて

ください」と促せば、その職員は得意気に話し始め、自信をつけるといった効果を生み出すこともあります。

　比較的マイナスの情報を交換しながらコーチングを進める際には他の職員に聞かれない環境を設定し、プラスの情報を交換しながら進める際には、他の職員にも共有できる環境を設定するとよいでしょう。このように、コーチングコミュニケーションでは、目的に応じて場所や時間帯といった環境設定に留意する必要があります。

(2) 共感・受容

　どのようにして共感と受容を行えばよいかについては、傾聴のところで解説した通りです。ここでは、なぜコーチングコミュニケーションに「共感・受容」が必要かを整理しておきたいと思います。コーチングミュニケーションは、本人の自発性に働きかける方法なので、職員自身の心が開いている必要があります。心が閉じていて「どうせ私にはできない」とか「そんなことを言ってもうまくいかない」といった感情のままでコミュニケーションを行ってもうまくいきません。逆に「この上司の言うことを聞いてみようかな」とか「もしかしたら、何か糸口がつかめるかも」という感情になれば、徐々に前向きな気持ちになりやすいものです。このように職員に素直な感情を持ってもらうためには、職員自身の気持ちに心から共感し受容することが大切です。

　職員の感情や訴え、希望などを十分に職員の立場になって受け止め、同じように感じられる上司に対して、職員の心は開きやすくなります。自分のことをわかってくれる人に対して人は素直になりやすいものです。ですから、職員の声に十分に耳を傾け、共感・受容する必要があるのです。

(3) 承認

　共感と受容によって職員が素直な気持ちになったら、次のステップは「その気にさせる」ことです。「もしかしたら」という気持ちから、もう一歩発展して「そうか、やってみよう」とか「どうしたらよいか考

えてみよう」という感情を芽生えさせるのです。そのためには、相手のことを十分に「承認」する必要があります。部下のことを十分に認めることによって、部下が「これでいいんだ」「私もできるかもしれない」という気持ちになれば、徐々に前向きになります。もちろん、褒めることが承認することにつながるケースも多いですから、部下をよく褒めることは大切です。ただし、何でも承認すればよいということではありません。承認したことを素直に受け止めてくれればよいのですが、場合によっては部下が「上司はそう言ってくれるけれど、私はそれほどでもないと思う」というように、謙遜することもあります。謙遜は決して悪いことではないのですが、やる気になってもらおうという時には逆効果です。謙遜は、部下のタイプや性格など、人の見方や解釈によって評価が分かれることを承認した時に、生まれやすくなります。性格的な部分は部下自身も克服しなくてはならない点として認識していることが多く、その部分を承認されても素直に受け入れられないことがあるのです。承認する場合には、部下の「行動」または「存在」に着目すると謙遜が起きにくくなります。例えば、「あなたは、いつも丁寧に掃除してくれていますよね」といった表現です。丁寧に掃除してくれている行動が事実であれば、否定のしようがありません。「丁寧に掃除していることを上司が見ていてくれている」という認識にもなり、部下のやる気に火がつきやすくなります。また、存在を承認する際には、「あなたがいてくれるおかげで、ありがたい」といった言い方です。存在そのものをプラス表現で認められると、部下のモチベーションは上がりやすくなります。日頃から部下をよく観察してその行動や存在を認め、自信をつけさせることによって、部下の自発性に働きかけるのです。

(4) 問いかけ

コーチングコミュニケーションの主たるスキルとも言えるのが、「問いかけ」です。問いかけの基本スキルは質問技法の項目で述べましたが、大切なことは、質問によって部下に考えさせ、部下自身が答えを

発見できるように導くように質問技法を使い分けることです。部下に深く考えさせたいのに、限定質問で「○○は実施した？」と聞いたのでは、「はい、実施しました」と単純に答えが返ってくるだけで、効果はありません。拡大質問によって「この問題を解決するためには、どうすればうまくいくと思う？」と尋ね、「まず何からやってみようか？」と徐々に限定的に問いかけるなど、部下自身の認識に働きかけることが大切です。しかし、部下が「どうしたらいいか、よい考えが浮かびません」などの答えが返ってきて、自分の力では深く考えられない場合には、「もし家族が心配するとしたら、どういうことだと思う？」「原因として考えられることとして、環境面では何があるかな？」といったように、質問すべき点を絞ってみるなどの工夫が必要です。

　部下の意識が現象面ばかりに向いている場合には、上司は抽象化する必要があります。例えば「あなたの課題は何だと思いますか？」という質問に対して、「先日、Aさんからの苦情に対してうまく応じられなかったことや、現場職員からの報告に対して適切に指示が出せなかったことなど、いろいろあります」という答えが返ってきた場合には、「その2つの問題に共通する責任者としての課題は何だと思う？」などの質問を行い、現象面から課題を導き出すように問いかけます。反対に、抽象化しすぎて課題の焦点がブレてしまう場合には、具体化して示す必要があります。例えば「何が課題だと思う？」と問いかけて「管理がしっかりできていないことです」という漠然とした答えが返ってくるような場合には、「管理というのは、『いつまで』といった進捗管理のこと？　それとも『誰に何をやってもらうか』といった役割付与のこと？」と具体化していきます。また、どうしても考えるべき点が漠然としてしまい、部下が課題を見出しにくい場合には、点数化することも有効な方法です。例えば、「100点満点で考えると、今のあなたは自己採点で何点くらいだと思う？」と問いかけます。部下が「65点くらいです」と答えたら、上司は「ではあと35点には、どんな要素があるのかな？」と問いかければ課題にアプローチしやすくなります。コミュニケーションですから、○○質問の後は△△質問、と

いったようにパターン化して考えるのではなく、部下と言葉のキャッチボールを交わしながら、相手の頭の中で考えるきっかけを与えるような問いかけをしていきたいものです。

(5) コミットメント

　コミットメントとは、責任を持って関わり、そのことを明言すること、つまり「責任を伴う約束」という意味です。コミットメントには、その約束に対して責任を負う人の決意や覚悟が含まれています。上司からの問いかけによって部下は、自分自身の課題に気づき、課題を解決するための一歩を踏み出そうとします。そこで、具体的にどのような一歩をいつから踏み出し、その結果、何を解決するのかといったことについて、約束を交わすというのが、コーチングコミュニケーションによるコミットメントなのです。

　人は、何かについてやる気が芽生えても、具体的な目標や明確な指標などがないと、徐々に以前の状態に流されやすくなります。せっかく課題に気づいて解決に向けたモチベーションが高まっても、コミットメントがないままで日常の活動に戻ると、いつの間にか課題に気づく前の状態になってしまい、結局は何も変わらないということになりがちです。

　自分自身のことについて約束を果たす、というのは実は簡単なことではありません。他人との約束を果たすのは、相手との信頼関係構築や気遣いなどから重要なこととして認識し行動できるものです。しかし、自分への約束は仮に破ったとしても自分が困るだけで他人には迷惑がかからないので、簡単に破れてしまうのです。そこで、コーチングコミュニケーションでは、上司と部下との約束事を交わす形でコミットメントをしてもらうのです。上司は部下のために約束を聞き、約束を果たすモチベーションを維持し続けられるようにサポートします。部下は自分自身を高めるために、上司に対して責任感を持って実行を明言し、約束します。コミットメントを、上司に対してだけでなく組織やチーム内のメンバーにも行えば、さらに約束した本人の意思

が行動に結びつきやすくなるでしょう。これが一般的に言われる「有言実行」のメカニズムです。外からの圧力ではなく、自らの意志でコミットメントを行うことで、長期的にモチベーションを維持することにつながります。

8 説明力

1 効果的な話し方とは

　コミュニケーションは、主に聴くことが重要なのですが、管理者や経営者は、人を説得したり朝礼で話したりして、組織のメンバーに働きかけることも多いと思います。ここでは、効果的な話し方について考えていきます。

　説明は、ただ単に話せばよいというものではなく、伝えるべき内容を相手の頭の中の引き出しにスムーズに入れてあげるようなイメージで行わなければなりません。どんなに熱意があっても、話が散漫だったり結論が見えにくかったりすると、相手の頭の中には残りにくくなってしまいます。

　説明する際には、重要なポイントとステップを押さえる必要があります。

2 説明における重要ポイント

(1) 話の内容によってリズムを変える

　話の内容によってリズムを変えるには、大きく2つのポイントがあります。

　1つは、前向きで明るい話題の場合にはテンポよく話し、シリアスな話題の際はゆっくりとした口調で話すという、文字通りリズムに変化をつけるということです。

もう1つは、説明の合間にあえて沈黙の時間を入れることです。あえて沈黙するのがポイントです。なぜなら、多くの人は誰かとコミュニケーションをとっている時、沈黙されるのが苦手だからです。相手が沈黙すると、沈黙された側はさまざまなことを頭の中で考えます。「どうしたのだろう？」「何か、おかしいことがあったかな？」「この人は、直前に何て言ったのかな？」など、あれこれと心配になります。そして、その沈黙をプレッシャーのように感じ、言葉を発します。

　もし、大勢の前で何かを説明する際、大切なことを言った後で少しの沈黙を入れると、大切なことが相手の心に響くように伝わりやすくなります。有名人の演説などの際に、どんな時に沈黙しているかを考えながら聞くと、その効果を実感できるでしょう。

Column　聞く時にも重要となる「沈黙」

　聞き上手な人は、相手の話の区切りがつくまで聞き続けます。もし、適切な言葉が出ない場合は、言葉が出てくるまで待っていてくれるのです。つまり、相手の頭の中で「どんな風に表現すればよいだろう？」と考えている間は、沈黙して相手の頭の中を整理する時間をつくるのです。沈黙することによって、相手の頭や心の中でもやもやとしたものが、ゆっくり解きほぐされるということです。抑制された気持ちなどは、特に即答しにくいものですから、その気持ちと向き合うための時間が必要な場合があります。話している間に言葉が見つからなくなることは、誰にでもあります。そういう時に急かされると、言いたいことを十分に表現できなくなり、言うこと自体を諦めてしまうこともあります。沈黙は、相手が考えるために必要な時間なのです。

　「よく考えてごらん」と言って、十分に考えさせていない上司になっていないか、上司自身が「沈黙」について再度認識し直すことが大切です。これは、1対1のコミュニケーションだけでなく、ミーティングや会議、研修や講演などでも同じことが言えます。コミュニケーション上手な人は、沈黙の時間を有効に使っているのです。

(2) もっとも言いたいことを、キャッチフレーズ化する

もっとも言いたいことを、キャッチフレーズ化すると言っても、そう簡単にキャッチフレーズを思いつくとは限りません。もしキャッチフレーズを思いつかない場合は、その代用として有名な人の名言などを引用するとよいでしょう。

事例 ◆ キャッチフレーズ化する効果

●ダメな話し方例
「コミュニケーションで大切なことはたくさんありますが、相手の立場になって何を言いたいのかよく聞いて、本音を引き出すとよいでしょう。相手が話すことの中で何がもっとも言いたいことなのか。皆さん、これからは相手の本音を聞き出すように心がけましょう」

●よい話し方例（キャッチフレーズ化）
「コミュニケーションで大切なことは一体何か？ ドラッカーは、『相手の言わない本音の部分を聴くことである』と言っています。『相手の言わない本音の部分』を聴くにはどうしたらよいか、これからのテーマにしましょう」

---

(3) 話す内容にネガティブな要素を交える

人は、よい話ばかり聞いていても、「できすぎではないか？」「本当かな？」という気持ちになることがあります。よい話がなければ納得しませんが、よい話だけでも説得力に欠けるのです。

そこで、デメリットやリスク、反対意見についての話題を盛り込むようにします。デメリットやリスクなどを話すことによって、よく検討された考えであると思われたり、練られた意見であると感じられたりするのです。

> **事例 ◆ ネガティブな要素を交える効果**
>
> ●ダメな話し方例
> 「当施設の安心・安全体制について説明します。当施設は、看護師が24時間常駐しています。医療体制は万全で、提携している医療機関とも常に情報を共有していますので、安心してお過ごしいただけると思います」
>
> ●よい話し方例（ネガティブな要素を交える）
> 「急に体調が悪くなった場合のことについて説明しましょう。私どもの施設では、看護師が24時間常駐していますので、急に医療的なケアが必要になったとしても、看護師が素早く対応いたします。連携医療機関とも情報を共有していますので、もしもの場合でもご安心いただけます」

3 説明に必要なステップ

　話し上手な人は、自分の話したいことを話すのではなく、聞き手の頭の中で整理がつくように話します。話の内容が、聞き手の頭の中の引き出しにすっぽりとしまいやすいように話すのです。引き出しにしまってもらうには、引き出しをつくってあげることと、「しまう引き出しはこれだ」とわかりやすくする必要があります。
　そのためには、事前に話全体の構成を考えてから話すとよいでしょう。もっとも言いたいことをどの順序で話せば聞き手の頭の中で「そうか！」と思えるかを、あらかじめ段取っておくのです。その構成を考える上で参考になる、「話のステップ」を紹介します。

(1) PREP法 (プレップ)

PREP法は、P：ポイント（Point：結論）、R：理由（Reason）、E：事例（Example：エピソード）、P：ポイント（Point：結論）を示すもので、説得力のある話をするための基本的な話法として、ニュース番組でキャスターが話す場面など、多くのシーンで活用されています。

まず、最初に言いたいことを端的に話すことで、これからの話のテーマが見え、聞き手に問題意識が芽生えます。

次に、言いたいことの理由を述べることにより、結論への論理が伝わります。つまり最初に聞いたテーマが、「AだからB」というように頭の引き出しにしまわれるわけです。ここで客観的なデータ（統計的な数値）などが示されると、より説得力を増します。

さらに、次のステップで事例やエピソードを説明すると、聞き手の頭の中に入った論理をイメージで想像することができ、「AだからB」という意味を検証するようになります。

最後に、もう1度結論を言うと、「なるほど」と納得しやすくなるのです。最後にキャッチフレーズのような言葉で結ぶと、より印象に残りやすくなります。

留意すべき点としては、最初の結論を長々と言わないことと、理由などを説明する際は、明確に言い切ることです。

事例 ◆ PREP法による説明

P：怒りのメカニズムには、「理解不一致」があります。
R：ある研究機関でデータをとったところ、怒りの92％は、「自分のことをわかってもらえない」「相手のことが理解できない」という時に出現することがわかったのです。
E：先日、利用者の家族から苦情があった時、「いったい、どうしてこんな対応なのか、まったく理解できない！」と怒られたそうです。他にも、リーダー職員が新人職員のとった行動に対して、「あなた、こんな大切な時に何をしているの？」と怒っていました。

> P:これらは、「理解不一致」が生んだ怒りなのです。「怒り」というものは、人と人が理解し合えない時に起こりやすいものですから、今月は私たちのユニットでは「あなたのことを理解したい月間」にしたいと思います。

(2) 問題解決促進法

　誰かから何かを説明される時、「〇〇が重要です」「△△を適切に行う必要があります」などというフレーズを中心にした話を聞いていても、「そういうものかな？」とか「だから何？」といったように自分自身の問題として感じられにくいことがあります。説明力は、話を聞く側が自分の問題として感じてもらえるかどうかで決まると言っても過言ではありません。以下の問題解決促進法のステップで話を構成すると、聞く側が自分の問題として受け止めやすくなります。

〈問題解決促進法の基本ステップ〉
ステップ1：多くの人が抱える問題を話す（エピソードも含めて）。
ステップ2：問題の中の重要なポイントを説明する。
ステップ3：その重要ポイントを本人に当てはめ、問いかける。
ステップ4：解決するための方法を複数出す。
ステップ5：どの解決方法がよいかを考えさせる（選ばせる）。

事例 ◆ 問題解決促進法による説明

ステップ1：つい最近ご相談にいらした方がおっしゃっていました。90歳になる要介護3の義理のお母様の介護のことだそうです。
　トイレ介助の際、拒否がひどく悩んでいるとのことです。お母様は、1人でトイレまで行き排尿・排便をするのですが、最近、排便後の処理がうまくいかなくて、お尻を汚したり下着を汚したりすることが多くなってきたそうです。そこで、様子を見てトイレに行き処理しようとしたところ、大声で拒否されてしまったそう

です。排便した時に隠すことも多くなったのだとか。このような介助拒否をするお母様にどう対応したらよいのか悩んでいらっしゃいました。お母様の拒否により、ご本人も怒りがわいてきてしまうともおっしゃっていました。

ステップ2：こういうことの中でもっとも大切なことは、お母様が抱く「恥ずかしいと思う気持ち」をいかに理解するかなのです。介護する側にも感情がありますから、簡単なようで難しいことなのですね。

ステップ3：こうした日常の介護のことで、何かお感じになっていることはありますか？

(相手が自分のケースを話し始めます)

ステップ4：こういう場合、私どもでは3つの方法とステップをお伝えしています。まず、お母様の気持ちに寄り添って受け入れることで、お母様の気持ちに変化が見られるかもしれないのです。「恥ずかしいですよね。嫌ですよね」といった言葉をかけるだけで違ってくるかもしれません。お母様が感じていらっしゃるつらさや苦しさに寄り添い、理解し、受け入れ、それがお母様に伝わると変化が見られることは多いものです。次に……(話を続けます)

確認問題

問題1 コミュニケーションに必要な基礎スキルについて、次の選択肢のうち正しいものを1つ選びなさい。

[選択肢]

① マイナスのストロークを使う際は、常に無条件のマイナスストロークを使うことを心がける必要がある。

② 傾聴とは、相手が言いたいことを聴くのではなく、こちらが質問したいことを積極的に聴くことである。

③ 報告は、「悪い情報ほどいち早く報告すること」などといった報告事項のルール化をすることが大切である。

④ ファシリテーションでは、合意形成のため価値観を共有化することが大切であるため、メンバー1人ひとりの多様性を尊重することはできない。

⑤ ハンズオントレーニングを行う際、トレーニーのスキルに改善すべきことが多数あった場合には、その場で1度にすべてを指示した方が効果は上がる。

確認問題

解答1 ③

解説1

①×：マイナスのストロークを使う際は、できるだけ無条件のマイナスストロークは使わないようにし、どうしても使う際には条件付きにすることが大切です。

②×：傾聴とは、こちらが質問したいことを積極的に聴くことではなく、相手が言いたいことをありのままに聴くことです。

③○：この他に、「状況の変化」や「指示事項の結果」などを「報告すべきこと」としてルール化することも大切です。

④×：ファシリテーションでは、メンバーの多様性を尊重し、さまざまな意見交換を経て合意を得るため、新たな価値が創造されることが期待できます。

⑤×：ハンズオントレーニングでは、トレーニーのスキルに改善すべきことが多数あった場合でも、1度にたくさんの指示をしないようにし、実施後にトレーニーの評価、課題・目標設定を行います。

第3章
シーン別コミュニケーション

1. 苦情・クレーム対応
2. 利用者への説明と同意
3. 動機づけ
4. 面談技術（目標設定など）
5. うまいダメ出し
6. 会議の進め方
7. 記録・文書によるコミュニケーション

1 苦情・クレーム対応

1 人はなぜ怒るのか

　苦情・クレームに適切に対応するためには、「怒りのメカニズム」と「事前期待のメカニズム」を知る必要があります。人はなぜ怒るのかということを理解しなければ、苦情やクレームを鎮めることはできません（**図表3-1**）。

図表3-1●「怒り」についての捉え方

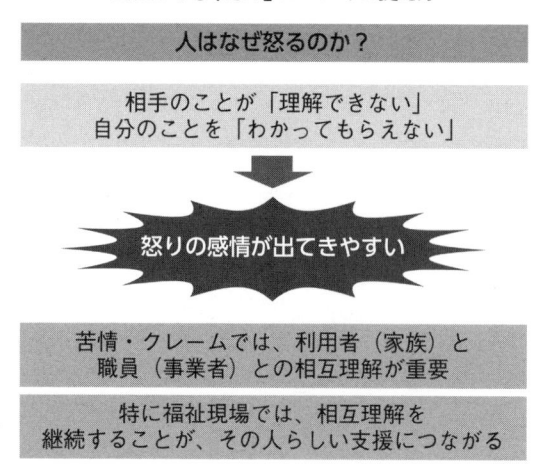

人はなぜ怒るのか？
↓
相手のことが「理解できない」
自分のことを「わかってもらえない」
↓
怒りの感情が出てきやすい
↓
苦情・クレームでは、利用者（家族）と職員（事業者）との相互理解が重要
特に福祉現場では、相互理解を継続することが、その人らしい支援につながる

　怒りの発生は、「理解不一致」にあると言われています（**図表3-2**）。相手の（やっている）ことが理解できない場合やこちらの心情を理解してもらえない場合などに、怒りがわいてきます。そして、その怒りが不満を伴った時、苦情やクレームになりやすいのです。
　反対に、相互理解からは「前向き」「信頼」「当事者意識」が生まれやすくなります。自分のことをわかってくれる人には、前向きに接しよ

図表3-2 ●「理解不一致」と「相互理解」

「理解不一致」から生まれるもの

| 怒り | 不安 | 悲しみ |
| 諦め | 不信感 | 被害者意識 |

「相互理解」から生まれるもの

| 前向き | 信頼 | 当事者意識 |

うという意識が働きますし、信頼関係も築きやすくなります。そして、同じ当事者としての意識も芽生えやすくなるため、お互いが対立するというよりも、同じ方向を向くようになるのです。そのため、苦情・クレームの対応では、まず相手の心情を十分に理解することがもっとも大切なことと言えます。苦情に対して、「言っている意味がわからない」とか「おかしなことを言っている」と認識してしまうと、なかなか解決には至りません。おかしいことを言っていると思っても、「何か深い理由があるのではないか」「こちらの聞き方が悪いのではないか」「本人が言いたいことは何か別のことなのではないか」というように、できるだけ理解しようとする姿勢で捉えてみるとよいでしょう。

　苦情やクレームの発生は、事前に抱いていた期待との関係が影響します（**図表3-3**）。人は事前に抱いていた期待よりも実際のサービスなどが上回れば満足しますが、事前に抱いていた期待よりも下回った場合には不満を持ちます。事前の期待とは、その人が過去に受けたサービス（他の事業所や他業界を含む）やその事業所の案内などによって抱いた期待のことを言います。

　以前に似たようなサービスを受けたのが、とても丁寧で自分たちのことをよく理解してくれる事業者だったとします。次の事業者で受けたサービスが前に受けた事業者に比べて劣悪だった場合、苦情やクレームが発生しやすくなります。苦情・クレーム発生の前提には、「相互に理解し合っているか」「過度な期待をさせてしまう情報提供がないか」といった要素があります。

図表3-3 ● 苦情・クレーム発生のメカニズム

```
苦情・クレームとは ▶ 何らかの要求が不満を
                    伴って発せられた状態

         なぜ、不満感情が生まれるのか

事前の期待  >                    = 不満
           支援・対応の質・内容
過去の経験  <                    = 満足

しかし、はっきりと不満として表明されるとは限らない
例)「いったい何ですか、これ?」
  「こんなこと言って申し訳ないのだけれど……」など

          ↓

「利用者の声」から、どのような要求が
あるかを捉え、理解する
```

　また、怒りや不満を持ったからといって必ず苦情やクレームにつながるとは限らない、ということを理解しておきましょう。怒りや不満を抱いても表に出さないことのほうが組織としての問題は大きいことがあります。怒りや不満を表明してくれたことに感謝して、積極的に改善に取り組むことが求められます。

2 苦情・クレームを解決するステップ

　では、実際に苦情やクレームが発生してしまった場合には、どのように対応すればよいのでしょうか。基本的には、**図表3-4**のステップを踏むとよいでしょう。

(1) お詫び

　まずお詫び(謝罪)をします。こちらに非がない場合でも、お詫びをすることが基本です。
　相手からつけ込まれるのではないかという不安がある場合は、不満原因について詫びるのではなく、心情に対するお詫びをしましょう。例えば「このたびは、ご心配をおかけして申し訳ございません」といっ

図表3-4 ●苦情・クレーム対応の基本

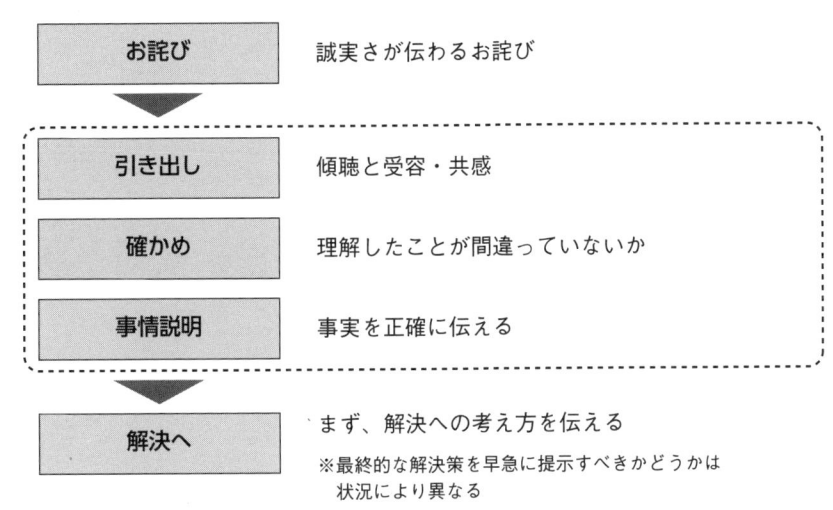

お詫び	誠実さが伝わるお詫び
引き出し	傾聴と受容・共感
確かめ	理解したことが間違っていないか
事情説明	事実を正確に伝える
解決へ	まず、解決への考え方を伝える ※最終的な解決策を早急に提示すべきかどうかは状況により異なる

「改善要求」の場合は、指摘していただいたことへ感謝の意を述べる

た言い方です。

　お詫びの際の注意点としては、「謝る前に説明しない」ということです。謝る前に説明を入れてしまうと、言い訳に聞こえてしまい、相手は余計に怒り出し、クレームがヒートアップする場合があります。もちろん苦情・クレーム対応において、どの局面でも言い訳はご法度ですが、特にお詫びの前の説明は、言った本人にその気がなくても言い訳に聞こえてしまうので注意しなければなりません。

　シンプルに、「申し訳ございません」という言葉をはっきりと述べることが大切です。

(2) 引き出し

　お詫びの次のステップはケースによって異なりますが、相手が怒りをぶつけている場合には、**図表3-4**のように傾聴を行います。とにかく聴くことに徹してください。途中で話をさえぎったり、言い訳を言ったりしてはいけません。

　傾聴の効果は、「すっきりする」「わかってくれる人がいる」「気づきの促進」なので、しっかり傾聴ができれば、解決の方向に向かいやすくなります。

(3) 確かめ

その後、傾聴した内容を確かめます。もし理解不一致の状態があれば、また怒りがわいてきますので、こちらが理解したことが間違っていないかどうかを確かめます。

その中で、相手からの要望がある場合には解決策に盛り込むようにします。

(4) 事情説明

この段階で、相手から「どういうことか事情を説明してほしい」と言われることもあります。場合によっては、お詫びを言った後すぐに「説明しろ」と言ってくる場合もありますが、いずれにしても「説明してほしい」と言われた場合には、説明する責任があります。

事情を説明する際には、事実を正確に伝えることが大切です。事実と推測や解釈を混ぜて話すのではなく、まず事実のみを話した後で、事実から推測される要素があれば付け加えるように説明します。

(5) 解決へ

相手の心情を理解し、事情の説明が終わったら、次は解決のステップです。

解決のステップでは、まず「この件につきましては、私が責任を持って対応いたしますので、もし何かおかしいと思われることがございましたら、遠慮なくおっしゃっていただければと思います」というように、窓口が自分であることをはっきりと明言することが大切です。この言葉をはっきり言うと、「この人なら、責任感を持ってしっかり解決してくれそうだ」という印象が伝わり、解決の方向へ向かいやすくなります。

次に、解決までの考え方を伝えます。具体的な解決策の提示よりも先に、組織としてのこちらの考え方を伝え、細かい点は今後しっかり詰めていくことを明言します。

この2点を説明しないまま、細かい点ばかり説明すると、その説明に対して再度クレームを言われることがありますので注意します。

　もちろん、クレームの内容が「今すぐ○○と△△を直してもらいたい」といったものであれば即対応することが重要ですが、クレームの内容が込み入ったものである場合には、対応窓口の明確化と考え方の説明を行うことが大切です。

　解決のステップで留意すべきことは、決してこちらから解決を急がないことです。相手が急いでいる場合は別ですが、こちらが解決を急ぐと、相手は大切に扱われていないと感じたり、早めに片づけようとしていると感じることがあるからです。

　特に、事故などが原因で賠償問題になった場合などは、早急にお金の話題を出すと嫌がられることが多いものです。クレームを言っている相手が賠償金のことを気にかけており、最終的にはお金で解決するとしても、こちらからお金のことを早すぎるタイミングで言うと、「お金がほしいのではない」と言われることがあるため注意すべきです。

事例 ◆ 苦情・クレーム対応

●こちらに問題がある場合：あるスタッフが相談員と利用者家族と面談の約束をしていたのに、相談員に約束の時間を間違えて伝えてしまい、面談の時間に相談員がいなかったケース
スタッフ「このたびは私どもの不手際でご迷惑をおかけしてしまい、大変申し訳ございません」
（まず、きちんと非を認めて詫びる。言い訳は一切言わない）
家族「わざわざ会社を休んできたのに、どうしてくれるんだ」
スタッフ「貴重な時間をつくっていただきましたのに、本当に申し訳ございません」
（利用者が言った内容について、丁寧に詫びる）
家族「あのね、こっちは暇じゃないんですよ。会社を休むことがどれだけ大変なことか。本当はやらなければならない仕事が山積み

なのに、いったいどういうことなんだ！ だいたいね、何でこんなことになったのか、説明してくれ」
スタッフ「わざわざ時間をつくっていただきましたのに、こちらが時間を奪うような形になってしまいまして、大変申し訳ございません。実は、私が相談員に約束の時間を伝え間違えてしまいました。本当に申し訳なく思っております」
（時間をつくっていただいてことをこちらも繰り返しつつ、再度お詫びの言葉を添える。さらに、理由を聞かれた場合は、その理由を簡潔に答える）
家族「信じられないな」
スタッフ「ごもっともでございます。本当に返す言葉もございません」
（相手が「信じられない」などと評価する言葉を発した場合の決まり文句）
家族がしばらく沈黙。
家族「何とか言ったらどうなんですか」
スタッフ「はい。利用者様にとって大切なことについての引き継ぎについては、記録にとって確認をするようにして改善を図ります。このことは組織全体の問題として周知し、今後、確認不足が起きないように組織全体で取り組みます」
（今後どうするかの考え方を明確に示し、組織全体で改善することと、2度と同様のミスがないように組織的に取り組むことを明言する）

●困難ケース：訪問介護を利用している85歳の男性（認知症なし）で、セクハラ的な行動が目立つ利用者から、「Aさんではなくて、Bさんにきてもらいたい」と介護職員の指定があったケース
スタッフ「申し訳ございませんが、Aに何か不手際がございましたでしょうか？」
利用者「いや、そういうわけじゃない。とにかくBさんをよこして

ほしい」

スタッフ「ご要望をいただき、大変ありがとうございます。利用者様のご希望に沿いたいのはヤマヤマなのですが、私どもといたしましては、どのスタッフも□□ホームヘルプサービス（事業所名）として大切にしているサービスをしっかりと行っておりますので、ご理解をいただけると助かるのですが」

利用者「いや、Bさんが一番丁寧なんだ。とにかくBさんでお願いしたい」

スタッフ「Bにお褒めの言葉をいただき、ありがとうございます。ただ今回は利用者様のご意向に沿いかねることを、大変申し訳なく思います」

（利用者を否定せず感謝を述べた上で、徐々に意向には応えかねることを伝える）

利用者「だから、私は、Bさんがいいと言っているんだ」

スタッフ「本当に心から感謝申し上げます。もしよろしければ、私が1度伺いまして、事情をゆっくりとご説明させていただければと思いますが、いかがでしょうか」

（なかなか納得しない場合には、事情を説明しに行くと言って、根気強く対応する）

2 利用者への説明と同意

1 説明と同意のステップ

　介護サービスでは、利用者(家族)への説明と同意は、契約上はもちろん、信頼関係の構築、要望しているサービスが適切かどうかの確認、トラブル防止などの観点からも非常に重要なプロセスです。しかし、介護サービスについての説明をしても、なかなか理解してもらえないのが実情です。説明を聞く利用者(家族)が理解しやすいステップで進める必要があります(**図表3-5**)。

　まず、相手のイメージしやすい話から始めることがポイントです。相手がイメージしやすい話とは、現在わかっていることや感じていることです。介護上の具体的な問題などがあれば、その話をします。次に、その問題はどのようなことが原因で起きているのかといった隠れた問題についてアプローチします。困っていることや悩ましいことの背景に隠された問題を話すことで、「なるほど」という印象を持ってもらいやすくなります。現在の隠れた問題について相手が理解したようであれば、その問題から将来どのようなことが発生し得るかを話します。このステップは、専門的な領域に入ってくるので、一般の利用者(家族)には理解しにくいことです。ですから、できるだけ事例を多く話すことによって、聞く側が自分たちにかかわる内容であると関心を持てるようにします。特に、将来予測できるリスクについて話をすると、自分のこととして受け止めやすくなります。将来起こり得ることが理解できたら、次にその背景に隠れたことについて話します。このステップは可能性として想定されることですので、「もしかする

と」という前提で話すようにします。ここで将来想定されることを話さないと、大きな問題が発生してしまった場合、「何であらかじめ言ってくれなかったのか？」と苦情になることもあります。ネガティブなことやリスクでも、将来想定されることは十分に説明をして、同意を得ておいたほうがよいのです。

このように、説明と同意には話をする順序がありますが、これを無視して最初から将来起こり得るリスクの話をしてしまうと、無駄に不安をあおってしまうことがあり、適切な説明とは言えません。現段階で認識していることから順序を追って説明し、同意を得るようにしましょう。

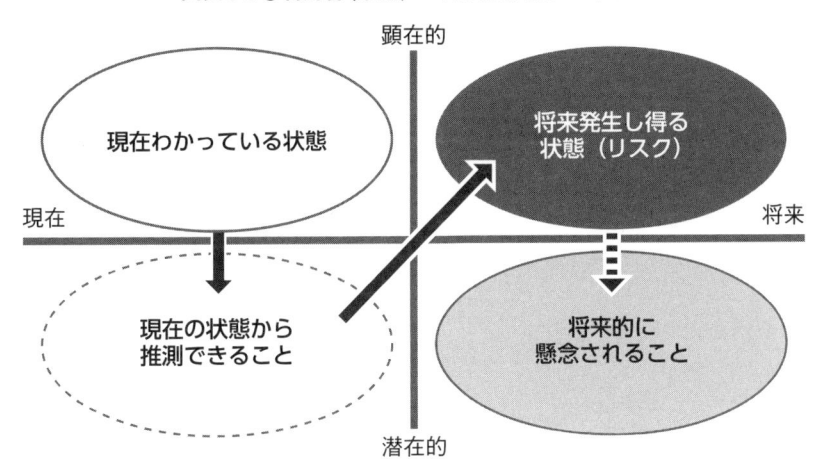

図表3-5●利用者（家族）への説明と同意のステップ

	顕在的	
現在わかっている状態		将来発生し得る状態（リスク）
現在		将来
現在の状態から推測できること		将来的に懸念されること
	潜在的	

2 専門的なアプローチ

将来起こり得るリスクなどを説明し理解を得られたら、そのリスクから考えられる潜在化した課題にまで話を発展させると専門的なアプローチになります。特に医療的な課題、強い拒否などがある場合の対応、ターミナルケア、家族の協力など、難しい問題を内在する話題については、事例などが参考になることを伝えると、利用者（家族）は

準備しておくべきことや、家族間で話し合っておくべき内容がわかるため、参考になることが多いでしょう。

　介護は、経験のない人にとって、将来どのようなことが起こり得るのか、どのような状態がどれくらい続くのか、といったことがわかりにくく、予想できない問題の連続です。そのため、さまざまな経験からアドバイスをしたり、参考となる情報を提供できれば、利用者(家族)から信頼できる介護事業者と認識されることでしょう。

3 動機づけ

　経営者が介護現場でのコミュニケーションの中でもっとも気遣う必要があることの1つが、動機づけではないでしょうか。介護サービスは、機械ではなく人が提供するものですから、やる気を発揮して前向きな気持ちで行うことがとても大切です。

　そこで、部下の動機づけにつながる言葉がけのポイントを見てみましょう。まず、現場職員に言葉をかける際は、主語を使い分けることです。これによって、相手が受ける印象が変わります。

1　Youメッセージ

　「あなたは素晴らしい」「あなたはよく頑張った」など、「あなた」を主語として伝える方法です。

　基本的な褒め言葉としてよく使われますが、相手が素直に受け止めない場合は、お世辞だと思われたり、「いえいえ、そんなことはありません」と否定的に受け止める可能性があります。

事例 ◆ Youメッセージ

上司「利用者からの評判がいいですね」
部下「はい」
上司「(あなたは) ずいぶん頑張りましたからね」
部下「はい (何とか)」

2 Iメッセージ

「私はすごいと思った」「私は感動した」など、「私」を主語として伝える方法です。「あなたの〇〇なところを、私は見習いたい」といった表現もIメッセージです。

私がそう感じているというメッセージなので、受け取った人が否定しにくい言葉です。受け取った人が充実感を覚えやすいので、褒め言葉としてはYouメッセージよりも効果が期待できます。

以前、小泉純一郎元首相が大相撲で貴乃花の優勝に際して発したメッセージは印象的です。けがを押しての優勝に対して、「痛みに耐えてよく頑張った。(私は)感動した!」という言葉は、Iメッセージです。

事例 ◆ Iメッセージ

上司「利用者からの評判がいいですね」
部下「はい」
上司「私もあなたの頑張りには感動しました」
部下「はい。これからも頑張ります」

3 Weメッセージ

「理事長も喜んでいた」「事業所としても誇らしいことだ」など、「組織」などの私たちを主語とする伝え方のことです。

Weメッセージは、組織に認められ、貢献できたことが表現されているため、Iメッセージよりもさらに受け取った人が充実感を覚えやすいと言えます。

事例 ◆ Weメッセージ

上司「利用者からの評判がいいですね」
部下「はい」
上司「ずいぶん頑張りましたね。施設長も責任者も鼻が高いと喜んでいましたよ」
部下「本当ですか！ 今度はもっといろいろやってみようと思います」

4 面談技術（目標設定など）

1 面談における視点

　面談は、基本的にはコーチングコミュニケーションの手法を用いて進めるとよいのですが、部下の能力開発や目標設定を行う際には、特に部下と共有すべき重要な視点があります。コーチングの手法を用いて「何が課題だと思う？」「どうしたらよいと思う？」と問いかけることで面談を行うとよいのですが、その問いかけに、ある切り口があるとより有効な面談になります。その切り口は、「コンピテンシー」というものです。コンピテンシーとは、人材開発などで用いられる専門用語で、「ある職務において高い成果を上げる人の行動特性」という意味です。介護業界では「高い成果」というのはなじみにくい概念かもしれませんので、「期待される役割に対する行動特性」と考えるとわかりやすいでしょう。

事例 ◆ 訪問介護事業所における面談

経営者「私たちの事業所で『期待されるサービス管理責任者』とは、どんな『行動』をとる人だと思う？」
サービス管理責任者「期待されるサービス管理責任者は、毎日サービスを終えた介護職員全員に、困ったことや悩ましいことがないかどうかを電話などで確認し、何かあればその日のうちに関係者に連絡をとって解決します」
経営者「なるほど、確かにサービス管理責任者に求められる行動だ

ね。ところで、あなた自身は自分でどれくらいできていると思う？」
サービス管理責任者「できている時もあれば、できていない時もあります」
経営者「自己採点すると、何点くらいだと思う？」
サービス管理責任者「そうですね、60点くらいです」
経営者「では、残った40点は何がたりなかったのかな？」
サービス管理責任者「認知症の方や過去に困難事例があった利用者へのフォローは行っているのですが、特に問題がなさそうな方についての確認は行っていませんでした」
経営者「特に問題がなさそうな方の場合、介護職員への確認はどれくらい必要だと思う？」
サービス管理責任者「どなたのケースでも必要だと思います。過去に問題ないと思っていた方からも、戸締りのことで苦情をいただいたことがありましたので」
経営者「では、毎日サービスを終えた介護職員への確認は、今後、具体的にどうやって進めていこうか？（話は続く）」

　上司も部下も、考えるべきポイントは意識や取り組み姿勢ではなく、「行動」です。日常的にどんな行動をとることが大切かについて、面談で明らかにします。意識や知識は目に見えませんが、行動は実施したかどうかなので評価が明確になりやすく、事例を真似て実行しやすいのです。

Column　共感はどのように生まれるか？

　私たちは一般的に、論理的な話ほど納得しやすいように思いますが、実は物事をいつも論理的に捉えているわけではありません。感情によって情報をキャッチし、その情報を論理的に解釈するということは、よくあることです。特に必要でないものを、ふとした拍子に感情が動

かされて衝動買いし、購入後にこれは必要なものだったと論理づけることなどはよくあるでしょう。では、その感情はどのように動かされ、人はなぜ共感するのでしょうか。エピソードや経験を共有すると、共感を得やすくなると言われています。

映画「寅さんシリーズ」の中から、鉛筆のエピソードを紹介したいと思います（「男はつらいよ 拝啓車寅次郎様」山田洋次 監督、1994年より）。

久しぶりに柴又の家に帰ってきた寅次郎を中心に、家族が甥の満男の話題で盛り上がるシーンです。満男は大学を卒業後、仕方なく入社した靴会社で営業の仕事をしています。半年が過ぎた満男は、靴のセールスに嫌気がさして、家族に愚痴をもらしました。それを聞いた寅さんは、近くにあった鉛筆を2本満男に差出し、「オレに売ってみな」と言います。満男はしぶしぶ、寅さんに売ってみます。

満男「おじさん、この鉛筆買ってください。ほら、消しゴムつきですよ」
寅さん「いりませんよ。ボクは字を書かないし、そんなものは全然必要ありません！ 以上！」
満男「あ……そうですか……」
寅さん「そうです！」
満男「……」
寅さん「どうしました？ それだけですか？」
満男「だって、こんな鉛筆売りようがないじゃない……」

まったく売れない満男に寅さんは、「貸してみな」と言って鉛筆を取り上げ、しみじみとした語り口で話し始めます。
寅さん「おばちゃん……、オレはこの鉛筆を見るとな、おふくろのことを思い出してしょうがねえんだ。不器用だったからねぇ、オレは。鉛筆も満足に削れなかった……。夜、おふくろが削ってくれたんだ。ちょうどこの辺に火鉢があってな。その前にきち〜んとおふくろが座ってさ、白い手で肥後のかみ（小さなナイフのこと）を持ってスイスイ、スイスイ削ってくれるんだ。その削りかすが火鉢の中に入って、ぷ〜んといい匂いがしてなぁ。きれいに削ってくれたその鉛筆でオレ

は落書きばっかりして、勉強ひとつもしなかった。でもこれぐらい短くなるとな、その分だけ頭がよくなったような気がしたもんだ」
（中略）
たこ社長（拍手しながら）「お見事！　お見事！」
おいちゃん「さすがだなぁ、とら」
満男「おじさん、参りました～」
　寅さんは満男に、「ものを売るってことは、こういうことなんだ」と言います。
　情景が浮かぶようなエピソードには、共感が生まれるという好例でしょう。ストーリーや体験を疑似的に共有すると、人は心を動かしやすくなるのです。

5 うまいダメ出し

　部下が大失敗をしてしまったり、認識が違っていて利用者に迷惑をかけてしまった場合には、いわゆる「ダメ出し」が必要になることもあります。

　本人が問題に気づかない場合には、何が問題なのかに気づいてもらう必要があります。しかし、「君はまったくなっていないね」とか「何をやっているんだ、一体！」と頭から否定した表現で叱責しても、部下の心は閉じてしまい「すみません」と反省するばかりで次の改善につながりにくくなってしまいます。

　では、部下にうまく気づきを与えるようなダメ出しは、どのようにすればよいのでしょうか。ダメ出しの考え方として大切なことは、3つあります。

　まず、「人を否定せず、事を否定すること」です。人に焦点を当てて「おまえはダメだ」などと言ってしまうと、言われた本人は自信をなくし、モチベーションが下がってしまいます。人ではなく、業務内容に対してダメ出しをするのです。

　2点目は、具体的にダメを出すことです。漠然と「ダメだ」と言われるよりも「ここがダメだ」と言われたほうが、改善点がわかりやすいためです。

　3点目は、ダメ出しをするポイントを絞るということです。「あれもダメ、これもダメ、さらにこちらもダメ」というように、あれこれダメ出ししてもすべてを改善することは難しいし、改善すべき重要なことが薄まってしまうからです。もしどうしても複数のダメ出しをする場合には、「よくない点は3つあるけれど、重要なことは○○だ」というように、もっとも改善すべき点を強調して言うことが大切です。

事例 ◆ うまいダメ出しの方法

●ダメな言い方
「君は、まったくダメだね。利用者の気持ちがわかっていないし、言葉遣いもできていない。おまけに今朝言われたことも全然できていないじゃないか」

●よい言い方
「今日のレクリエーションを振り返ってごらん。あれは、利用者の視点に立っていたとは言えないと思うよ」

Column　ダメ出しの心配

　よく介護事業の経営者や管理者から、「最近の若い人はダメ出しをするとやる気を失ってしまうのではないかと心配で、否定的なことを言えない」と言う声を耳にします。たしかに、ダメ出しの方法が不適切だと、職員の離職率に影響することがあるでしょう。

　ちょっとしたことですが、ダメ出しのフレーズを**図表3-6**のように言い換えると、印象は変わります。不適切な言葉がけと適切な言葉がけを比較して、同時に上司としての考え方を改めてみるとよいのではないでしょうか。

図表3-6 ●うまいダメ出しのフレーズ

不適切な例	適切な例
何でこんなこともできないの？	⇨ どうしたらできるようになると思う？
まだ若いんだから、これくらいやってね。	⇨ 今は、「大変だな」と思うかもしれないね。
何度も同じことばかり言わせないでよ。	⇨ あなたの惜しいところ、教えてあげるね。
口ばかりで、行動が伴っていないね。	⇨ 次は実行だ。私は見ているよ。
あなたって、褒めるところがないんだよね。	⇨ 私は、きっとうまくいくと思っているよ。
いつも書類の提出が遅すぎる！	⇨ サービスをよくするためのヒントが隠れているから、書類提出も大切にしてね。
ホウレンソウが大切って、何度言ったらわかるの？	⇨ 報告のルール（3原則）は何だったっけ？

> 　一般的に、人は誰かに批判されるのを好みませんが、よくない点を指摘されないままでいると、成長しません。うまいダメ出しをして、職員の成長を促したいものです。

6 会議の進め方

　介護の現場にはさまざまな会議があります。運営会議、職員会議、各種委員会、ユニット会議、カンファレンス、サービス担当者会議などです。

　会議を単純に「話し合う場」と捉えてしまうと、「いつも会議ばかりやって一向に改善が進まない」ということになってしまいます。

　効果的で効率的な会議運営には手法があります。第2章で解説したブレーンストーミングやファシリテーションの手法を使いながら行えば、さまざまな意見交換も期待できます。ここでは、上手な会議の方法について解説します。

1　会議の目的を明確にする

　特に組織内における会議では、会議ごとの目的を定める必要があります。組織の重要な事項を決定する会議なのか、さまざまな案を出し合う会議なのか、メリットやデメリットを話し合って方向性を定める会議なのか、決まったことを周知する会議なのか、役割などを割り振る会議なのかを明確にしましょう。

2　会議の計画を立てる

　会議の開催計画はもちろん、1回の会議の中での進行計画を立てることも大切です。

開催計画は、年間や半期といった期間を定めた上で、いつ頃に何回開催するのか、参加者の条件、開催の事務局などを決めます。開催計画があることで、事前にどのような準備が必要かも明らかになるので、参加メンバーに事前に検討してもらうことの必要性も伝わり、効率的な会議運営が可能になります。

3 参加者に期待することを明確にする

　参加者が何をすればよいかがわからないと、会議での話し合いは盛り上がりにくくなってしまいます。新たな案を持って参加する必要があるのか、組織の意見を収集しなければならないのか、利用者のニーズを探すことが求められるのかなど、参加者にどのようなことを望むのかを明らかにして、参加者のモチベーションを高めるようにします。

4 問題を提起する

　実際に会議を始める際には、これから話し合おうとすることの主題を明らかにします。その上で、何が問題なのかを参加者に提示し、どのようなことについて議論する必要があるのかを明確にします。

　そのためには、会議の目的を共有し、論点を整理することが大切です。論点を整理するためには、今まで議論してきたことに意味づけを行い、過去の問題を要約して構造化する必要があります。

　特に、問題となっていることの「共通点」と「異なる点」をグルーピングし、目的と手段、要因と結果、重要な資源と発生プロセスなどに分けておくと、意味づけが容易になります。

5 意見を話し合う

　意見を話し合う場合に必要なことは、議論を拡げているのか、まとめているのかを会議の進行者がコントロールすることです。議論を拡げている場合には、ブレーンストーミングやファシリテーションなどの手法を使って、意見の収集に集中することが大切です。一方、まとめている場合には、議論の意味づけをしながら、次のステップに至る準備を行わなければなりません。もちろん、議論は拡散したり集中したりする中で、新たな意見が出されることが多いので、進行者は議論の深まりと共に、どの段階を踏んでいく必要があるかを見極めなければなりません。

　多くの意見が集まり、拡散しすぎて収拾がつかなくなってきたら、今回の議論の目的に合っているかどうかを参加者に問いかけ、意見の取捨選択を行いながら、論点を整理する必要があります。

6 決定を促す

　ある程度意見が収集され、論点も明確になってきたら決定のプロセスです。

　会議における決定で重要な要素は、決定方法を定めることです。何が判断基準になるのかについて参加者の合意を得た上で、決定方法の合意をとります。

　決定方法の中で、比較的簡易でわかりやすい手法は、多数決です。多数決は特定の人の意思決定に委ねないため、より多くの参加者が納得する結論を導き出す方法と言えますが、欠点もあります。少数意見の中に貴重な意見が埋もれてしまうことや、多数派の意見が必ずしも未来を確実に予測するとは限らないといったことがデメリットです。

　その欠点を補うために、「決定の軸」を定める方法があります。参

加者に、決定のための「重要価値の位置づけ」を促すのです。「今回の決定において、重要な価値は何か？」について、参加者に意見を挙げてもらいます。その重要な価値を一致させ、論点となっている事項について、その重要な価値を照らし合わせる方法です。

7 結論へのながれ

　図表3-7を見ながら考えてみましょう。Aさんの案、Bさんの案、Cさんの案ともに、一長一短があるとします。こういう場合、決定するための要素を図表3-7のようにマトリクスにして位置づけます。この例では、縦軸を「リスクの大きさ」、横軸を「アイデアの新規性」としました。各案をこのマトリクスに位置づけ、めざすべき結論も位置づけます。めざすべき結論は、新規のアイデアであるがリスクは小さい案としています。

　このように位置づけを明確にすることで、各案のよい点を参考にしながら結論に至るように修正することが可能になります。

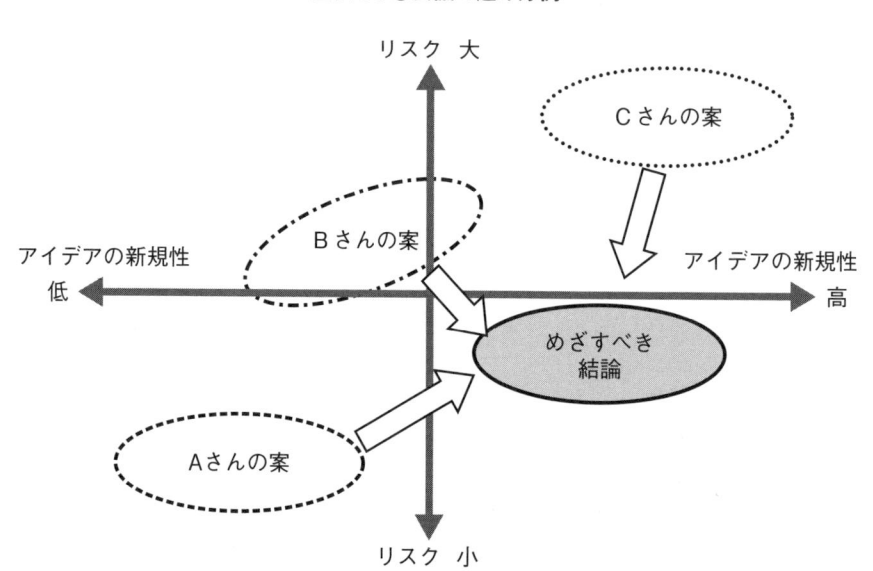

図表3-7●会議の進め方例

7 記録・文書による
コミュニケーション

1 記録とは

　介護の場面で記録はつきものです。指導や監査の重要な視点の1つでもあります。介護サービスは、製品のように目に見えて残らない特性があるため、記録しておかないとサービス内容やサービスの根拠がわかりにくいからです。

　記録には、文字として書き記すものと、映像や画像、イラストなどにして残すものがあります。伝える相手の理解特性に合わせて手段を選ぶ必要がありますが、ここでは、文字による記録を中心に考えます。

2 記録の意味

(1) 証拠保存(利用者1人ひとりの経過記録)

　記録のもっとも基本的な機能です。事実が記録として残っていることによって、介護の根拠が明確になりますし、バイタルなど体調面の変化に対して、どのような注意義務や安全配慮義務があったかなどもわかります。

　事故や苦情があった際には、事実関係が明らかになり、何が原因でどのような結果になったかを示すことができます。家族に利用者の状態の変化などを説明する際にも、証拠となる記録を基に進めることができます。

（2）職員の「介護のあり方」を確認できる資料

　どのようなことに配慮したのか、どのような点に注意したのかは、記録をよく読むと伝わってきます。認識していないことは記録にできませんので、職員の認識は記録に出やすいものなのです。

　特に利用者の体調変化や状況変化、訴えや要望などを職員がどのように捉えたかがポイントになります。利用者の変化前後に、職員が具体的にどのようなかかわりを持ったかを記録から読みとることによって、職員の認識を把握することが可能となります。

　もし、利用者の変化の前後の記録が残っていなかった場合には、記録の重要性を職員に指導すべきです。なぜなら、利用者の状態が何らかの変化をきたす際には、その背後に介護上配慮すべき点や留意点が潜みやすくなるからです。

　また、変化する前に何らかの対応があった場合には、その変化の要因が職員による働きかけである可能性もあるため、状況変化の経過を把握する上で重要な情報になります。利用者の変化と職員のかかわりは、記録をつける上で重要な着眼点なのです。

（3）サービス計画を立てる上で参考になる資料（アセスメント）

　利用者の「その人らしさ」をサービス実施に活かすためには、日々の記録からアセスメントを行う必要があります。

　また、サービス計画は、利用者の状況やニーズの変化によって変更することがあります。例えば、脳梗塞を患って左半身麻痺になり、日常生活が不自由になって在宅で介護サービスを受けていた利用者が、家に閉じこもりがちになり、心身の機能が徐々に低下したとします。この場合、脳梗塞を患って左半身麻痺になった当初に必要な支援と、家に閉じこもりがちになり心身共に機能が低下した際に必要な支援は、異なるはずです。この経緯を把握してサービス計画に反映させることが、日常の記録からアセスメントを行い、サービス計画に活かすということなのです。

（4）情報を共有するための資料

　介護サービスは、1人の職員が専属で担当して行うことはあまり多くありません。直接支援する職員が仮に1人決まっていたとしても、計画作成者やサービスを管理する責任者が別に存在するものです。ですから、直接支援する担当者だけでなく、他の職員にも情報を共有する必要があります。引き継ぎや申し送りと言われるものです。

　引き継ぎや申し送りで留意しなければならないことは、共通言語と確認の方法です。

　共通言語とは、例えば「自立歩行」と言った場合に、どれくらい歩くことができれば自立歩行と言うのかが、記録を書く側と読む側で一致していることです。もし書く側が1人で2〜3歩程度歩くことができれば自立歩行と認識し、読む側は1人で5〜6m歩くことを自立歩行と認識していたら、「自立歩行」と書いただけでは事実は正確に伝わりません。共通言語は、共通の認識度合いに基づいている必要があります。

　さらに、確認の方法も情報共有には欠かせません。書かれた記録を読んだのか読んでいないのか、共有シートやノートを見ればわかるように、チェック欄や読んだ日付を設けるなどの仕組みをつくっておくことが必要です。

（5）事故などの要因がわかる資料

　ヒヤリハットや事故の記録は、今後起こり得る事故を防止するために大変重要な情報です。ヒヤリハットや事故の要因を洗い出し、今後の事故発生を防ぐ対策を立てることと、ヒヤリハットや事故の情報を共有することで、他の職員の気づきにつながり、今後の事故を想定しやすくなるという2つのメリットがあります。

　ヒヤリハット記録の活用は、想定外の事故を防ぐことにも役立ちます。事故には至らなかったものの、ヒヤリとした事象というのは、そもそも想定していなかったからこそ起きることなので、今後の事故発生の予兆と考えることができます。

もちろん、事故報告書もより大きな事故を防ぐ上で貴重な情報になるので、事故の記録を正確にとり、カンファレンスや委員会などで今後の防止策を十分検討するように活用したいものです。
　ここで、事故報告書にありがちな記録上の問題点を挙げます。

①対策欄に「今後は、しっかり徹底する」と書かれている

　もっとも多い事故報告書の悪い例です。具体性がなく、この記録によって「しっかり徹底される」とは思えません。実際に、この記録の後に再度同様の事故が起きることが多いものです。
　では、どう書けばよいのでしょうか。ポイントは2つです。改善のための「行動」を書くこと、または「仕組み」を書くことです。「注意する」と書くのであれば、どのような行動をとれば注意することになるのかを書くということです。「指をさす」「声に出す」といったように、注意することを意識だけの問題にせず、行動化して改善策にしなければ注意力は見えないため、改善活動につながらないのです。

②具体的な要因（利用者の認識など）が書かれていない

　事故（またはヒヤリハット）についての状況は書かれているものの、なぜそのような結果になったのか、という要因が書かれないケースも多くあります。環境面、ハード面、ソフト面などさまざまな観点で考えられる要因を出さなければ、解決策は見出せません。特に転倒事故の場合は、「利用者の歩行に関する認識」や「なぜ立ち上がろうとしたのか」など、利用者側の動機を探らなければ、再度同じ転倒事故が発生しやすくなります。

③当事者の始末書扱いで終わっている

　事故（またはヒヤリハット）報告書の文章が反省文や謝罪文になっているケースです。反省文や謝罪文では要因がわかりにくいだけでなく、組織に権威勾配（上司が威圧的で、現場で起きている状況を部下が素直に報告できなくなっている状態）が生まれている可能性があります。発生したミスなどについて、いつも謝らなくてはならないような組織になっている場合は、コミュニケーションの阻害につながりますので、かなりの注意が必要です。

④最悪の事態を想定した記述になっていない

　リスクマネジメントの視点では、最悪の事態を想定することが大切です。報告書に「最悪の場合、どういうことが想定されるか」を書く欄を設けるなどして、日頃からリスクを想定する力を養っておく必要があります。

⑤責任者が報告書を見た形跡がない

　同じような事故は繰り返される傾向がありますが、以前に同様の事故(またはヒヤリハット)が起きていながら、それに対して上司が改善策をコメントしていないとか、記録を見ていないといったことがあると、組織としてどのような対応をしていたのかと、疑念を持たれかねません。事故やヒヤリハットは責任者が内容を確認し、その時点でできる対応策を指示し、そのことを記録に残しておくことが大切なのです。

事例 ◆ 事故報告書

本当にこの記録でよいのか、考えてみましょう。

- ●Aさん(男性、80歳)
- ●事故の種類：転倒
- ●発生場所：居室
- ●発生時の状況と対応

夜勤職員が定時巡回で5時半に訪室すると、ベッド脇で転倒したAさんを発見した。左肩から肘に強い痛みを訴えられた。便・尿失禁あり。トイレ介助を行ったところ、パンツ内に下痢便あり。転倒後、少し時間が経過していた様子で、身体が冷えていた。体温35.4度、水分希望あり、補給。更衣後、毛布と掛け布団で保温し、再度就寝した。

　→5時半の前は、何時に訪室したのか？
　　「転倒」と決めつけてよいのか？

痛みを感じている患部の状態は？
その後の処置は？
バイタルは？
●原因と対策
＜原因として考えられること＞
トイレに行こうして転倒したのではないか？
　→なぜ、そう考えるのか？
　　いつも朝方トイレに行くのか？
　　前日のお腹の調子は？
　　下剤は飲んでいなかったか？
　　無理していないか？
　　ナースコールを押さない理由は？
＜今後の対応と対策＞
コールのうながし、細めな訪室と見守り

3 よい記録をとるために必要なこと

　よい記録には、よいフォーマットがあります。よいフォーマットには、書くべきポイントが示されています。そのフォーマットに沿って書けば、どこに気をつけて記録すればよいかがわかるようになっています。

　図表3-8の事例のように、ヒヤリハット報告書のフォーマットに「このヒヤリハットに気づかなかったらどうなっていたか」というリスク想定の欄があると、日頃から職員のリスク意識が醸成され、事故を防ぐ取り組みにつながります。記録のフォーマットは、職員の認識や判断を支える役割もあるのです。

図表3-8 ●ヒヤリハット報告書事例

ヒヤリハット報告書
××ユニット　Ａさん（94歳、要介護3、認知症・嚥下力低下気味）
状況報告
ご家族が面会にお越しになった際に、Ａさんが大好きな草だんごをお土産に持ってきた。ご家族が共有スペースでＡさんに食べてもらおうとしていたところを、職員が発見した。これまでも、だんご類で誤嚥を起こしそうになっていたことから、ご家族に説明し、細かくしていただいてから、Ａさんに食べていただいた。
このヒヤリハットに気づかなかったらどうなっていたか？（リスクの想定）
もし職員が発見しなかった場合は、誤嚥事故に至った可能性があり、最悪の場合、窒息する。
今後の改善策
面会シートの改善（差し入れの内容確認欄を設ける）を行い、面会のご家族様に面会シートのご記入をお願いする。職員が内容を確認し、お声がけを行う。 次回、家族会でご家族様へのご協力事項として伝える。

確認問題

問題1 介護福祉におけるシーン別のコミュニケーションについて、次の選択肢のうち正しいものを1つ選びなさい。

[選択肢]

① 苦情・クレームを解決する中で「お詫び」は、事情や状況の説明を行った後に行うべきである。

② 部下と面談を行う際には、その部下の職務において高い成果を上げる人の行動特性を踏まえ、具体的にどのような「行動」をとることが大切かを認識できるようにするとよい。

③ 部下が失敗した場合などで、問題に気づいてもらいたい場合には、その部下自身について問題点を指摘した方がよい。

④ 利用者の状態がどのように変化したかを記録することは難しいため、変化情報は記録すべき事項ではなく、結果だけをありのままに記録すべきである。

⑤ 事故報告の対策欄には、「今後は、しっかり徹底する」のように、今後も同様の事故が起きないようにするための意識面を中心に書くべきである。

確認問題

解答1 ②

解説1

① ×：お詫びは、事情の説明などの前（できるだけ始めのうち）に行った方がよいことです。

② ○：このように「その職務において高い成果を上げる人の行動特性」のことをコンピテンシーと言います。

③ ×：部下自身についてではなく、部下の業務内容について問題点を指摘した方がよいです。

④ ×：利用者の状態がどのように変化したかを記録することが大切です。変化前後の状態や、変化の状況について職員がどのような認識を持っているかを把握することが大切だからです。

⑤ ×：意識面を書くのではなく、「行動」や「仕組み」を書くことで具体的な改善が可能になります。

● おわりに

　コミュニケーションは、スキルや知識のように思えますが、実はスキルでも知識でもありません。表現力や語彙力がどれだけ優れていても、相手に聞く気がなければ伝えたい内容はうまく伝わりません。傾聴するためのスキルを身につけていても、相手が本音を話す気持ちになっていなければ、傾聴した情報にはあまり意味がありません。コミュニケーションは、相手との関係性を良好に保ちながら、お互いに理解し合い、尊重し合うことが基本になければ成り立たないのです。

　本文でも書きましたが、ドラッカーは「コミュニケーションでもっとも大切なことは、相手の言わない本音の部分を聴くことである」と言っています。よいコミュニケーションは、相手が心を開いて本音を話す気持ちになり、本気で聴く気持ちになることがベースにあるのです。

　その意味で、コミュニケーションを行うためには、相手に対する「思いやり」や「気遣い」が必要になります。ただ、この「思いやり」や「気遣い」は、技術として体系化することが難しいものです。1人ひとりが自ら進んで相手の視点に立ち、常に自分自身を振り返ることで実現します。

　日本には「おもてなし」の文化があります。おもてなしの心を持ってコミュニケーションをとることができれば、ここに記したスキルは最大限に活かされるはずです。そして、利用者に対して職員が「おもてなし」の心を持つためには、経営側や管理者が職員に「おもてなし」の心を持って接することが大切です。たとえ議論を戦わせる場合でも、経営者が部下に叱責をする場合でも、自分の言いたいことだけを一方的に主張するのではなく、相手の心に働きかけ、双方向で理解し合うことをベースにすることを忘れないようにしたいものです。

浅野　睦

MEMO

MEMO

MEMO

MEMO

● 著者プロフィール

浅野 睦（あさの・まこと）

株式会社フォーサイツコンサルティング 代表取締役社長
リスクマネジメント協会 理事
1963年生まれ。経営コンサルタント。リスクマネジメントや危機管理、災害対策、コンプライアンス、組織マネジメントを中心に、大企業をはじめ官公庁、自治体、医療機関、福祉施設、保育所などのコンサルティングや研修などを行っている。今までアセスメントや研修、具体的な対策を講じるなど関わった案件数は3000件以上。厚生労働省主催の各県指導監査職員の研修講師も務める。
主な著書に、『得意先管理・与信管理の実務』（日本実業出版社）、『現場担当者が認識すべき68のリスク』（共著、アース工房）など。

● 総監修者プロフィール　　　　　　　　　　　　　　　　　　　　　　　　　　　50音順

江草安彦（えぐさ・やすひこ）

社会福祉法人旭川荘名誉理事長、川崎医療福祉大学名誉学長
1926年生まれ。長年にわたり、医療・福祉・教育に従事、医学博士。旧制広島県立福山誠之館中学校卒業後、岡山医科大学付属医科専門部（現・岡山大学医学部）に進学し、勤務医を経て総合医療福祉施設・社会福祉法人旭川荘の創設に参加、85年より旭川荘の第2代理事長となる。現在は名誉理事長。川崎医療福祉大学学長（～03年3月）、川崎医療福祉大学名誉学長および川崎医療福祉資料館館長（現在に至る）。00年、日本医師会最高優功章受章、01年保健文化賞、06年瑞宝重光賞、09年人民友誼貢献賞など受賞多数。

大橋謙策（おおはし・けんさく）

公益財団法人テクノエイド協会理事長、元日本社会事業大学学長
1943年生まれ。東京大学大学院教育学研究科博士課程修了。日本社会事業大学教授、大学院研究科長、社会福祉学部長、社会事業研究所長、日本社会事業大学学長を経て、2011年より現職。埼玉県社会福祉審議会委員長、東京都生涯学習審議会会長等を歴任。著書に、『地域社会の展開と福祉教育』（全国社会福祉協議会）、『地域福祉』『社会福祉入門』（ともに放送大学教育振興会）、『地域福祉計画策定の視点と実践』（第一法規）、『福祉21ビーナスプランの挑戦』（中央法規出版）ほか。

北島政樹（きたじま・まさき）

国際医療福祉大学学長
1941年生まれ。慶應義塾大学医学部卒。外科学（一般・消化器外科）専攻、医学博士。慶應義塾大学名誉教授。Harvard Medical School、Massachusetts General Hospitalに2年間留学。杏林大学第一外科教授、慶應義塾大学病院副院長、院長、医学部長を経て名誉教授。国際医療福祉大学副学長、三田病院院長を経て国際医療福祉大学学長（現職）。英国王立外科学会、アメリカ外科学会、イタリア外科学会、ドイツ外科学会、ドイツ消化器外科学会、ハンガリー外科学会名誉会員およびポーランド外科学会名誉会員。New England Journal of Medicine、World Journal of Surgery、Langenbeck's Archives of Surgeryなどの編集委員。ブロツワフ大学（ポーランド）、センメルワイス大学（ハンガリー）名誉医学博士。

介護福祉経営士テキスト　実践編Ⅰ-2
介護福祉コミュニケーション
ES、CS向上のための会話・対応術

2012年8月25日　初版第1刷発行

著　者　浅野　睦
発行者　林　諄
発行所　株式会社　日本医療企画
　　　　〒101-0033　東京都千代田区神田岩本町4-14　神田平成ビル
　　　　TEL. 03-3256-2861（代）　http://www.jmp.co.jp
　　　　「介護福祉経営士」専用ページ　http://www.jmp.co.jp/kaigofukushikeiei/
印刷所　大日本印刷株式会社

©Makoto Asano 2012, Printed in Japan　ISBN 978-4-86439-095-8 C3034　定価は表紙に表示しています。
本書の全部または一部の複写・複製・転訳載の一切を禁じます。これらの許諾については小社までご照会ください。

これからの介護・福祉事業を担う経営"人財"
介護福祉経営士テキスト　シリーズ全21巻

総監修
江草 安彦　社会福祉法人旭川荘名誉理事長、川崎医療福祉大学名誉学長
大橋 謙策　公益財団法人テクノエイド協会理事長、元日本社会事業大学学長
北島 政樹　国際医療福祉大学学長

【基礎編Ⅰ】テキスト（全6巻）

1	**介護福祉政策概論**——施策の変遷と課題	和田　勝	国際医療福祉大学大学院教授
2	**介護福祉経営史**——介護保険サービス誕生の軌跡	増田雅暢	岡山県立大学保健福祉学部教授
3	**介護福祉関連法規**——その概要と重要ポイント	長谷憲明	関西国際大学教育学部教授・地域交流総合センター長
4	**介護福祉の仕組み**——職種とサービス提供形態を理解する	青木正人	株式会社ウエルビー代表取締役
5	**高齢者介護と介護技術の進歩**——人、技術、道具、環境の視点から	岡田　史	新潟医療福祉大学社会福祉学部准教授
6	**介護福祉倫理学**——職業人としての倫理観	小山　隆	同志社大学社会学部教授

【基礎編Ⅱ】テキスト（全4巻）

1	**医療を知る**——介護福祉人材が学ぶべきこと	神津　仁	特定非営利活動法人全国在宅医療推進協会理事長／医師
2	**介護報酬制度／介護報酬請求事務**——基礎知識の習得から実践に向けて	小濱道博	介護事業経営研究会顧問
3	**介護福祉産業論**——市場競争と参入障壁	結城康博／早坂聡久	淑徳大学総合福祉学部准教授／社会福祉法人柏松会常務理事
4	**多様化する介護福祉サービス**——利用者視点への立脚と介護保険外サービスの拡充	島津　淳／福田　潤	桜美林大学健康福祉学群専任教授

【実践編Ⅰ】テキスト（全4巻）

1	**介護福祉経営概論**——生き残るための経営戦略	宇野　裕	日本社会事業大学専務理事
2	**介護福祉コミュニケーション**——ES、CS向上のための会話・対応術	浅野　睦	株式会社フォーサイツコンサルティング代表取締役社長
3	**事務管理／人事・労務管理**——求められる意識改革と実践事例	谷田一久	株式会社ホスピタルマネジメント研究所代表
4	**介護福祉財務会計**——強い経営基盤はお金が生み出す	戸崎泰史	株式会社日本政策金融公庫国民生活事業本部融資部専門調査役

【実践編Ⅱ】テキスト（全7巻）

1	**組織構築・運営**——良質の介護福祉サービス提供を目指して	廣江　研	社会福祉法人こうほうえん理事長
2	**介護福祉マーケティングと経営戦略**——エリアとニーズのとらえ方	馬場園　明	九州大学大学院医学研究院医療経営・管理学講座教授
3	**介護福祉ITシステム**——効率運営のための実践手引き	豊田雅章	株式会社大塚商会本部SI統括部長
4	**リハビリテーション・マネジメント**——QOL向上のための哲学	竹内孝仁	国際医療福祉大学大学院教授／医師
5	**医療・介護福祉連携とチーム介護**——全体最適への早道	苛原　実	医療法人社団実幸会いらはら診療所理事長・院長
6	**介護事故と安全管理**——その現実と対策	小此木　清	弁護士法人龍馬　弁護士
7	**リーダーシップとメンバーシップ、モチベーション**——成功する人材を輩出する現場づくりとその条件	宮野　茂	日本化薬メディカルケア株式会社代表取締役社長

※タイトル等は一部予告なく変更する可能性がございます。